急に英語がうまくなる！

アルファベットから始める
発音トレーニング

国際ヴォイストレーナー
山下 まさよ

口の形がわかる
動画QRコード
付き

講談社

はじめに

英語を発音するとき、何か特別に意識していることはありますか。ネイティヴみたいに発音を真似してみても、何かが違うと感じませんか。発音は幼い頃から練習していないと無理と思い込んであきらめていませんか。

実は、英語発音はとても単純明快に構成されています。発音の仕組みがわかると、英語の発音が劇的に変わります。

例えば、アルファベット【R】と【L】の発音の違い、明確に答えられますか。【R】は舌の動きは２パターン、【L】は舌の動きが３パターン、で構成されています。舌の動きが変わると声の通り道が変わり、発音も変化します。さらに詳しい説明は 82 ~ 87 ページに書きましたので、順番に読み進めて練習してみてください。下の写真の通りに舌を動かすことで、毎回再現できるようになり、同じ発音が安定してできるようになります。

【R】

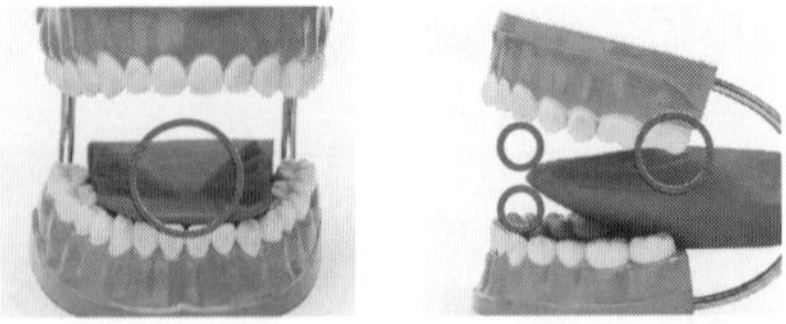

【L】

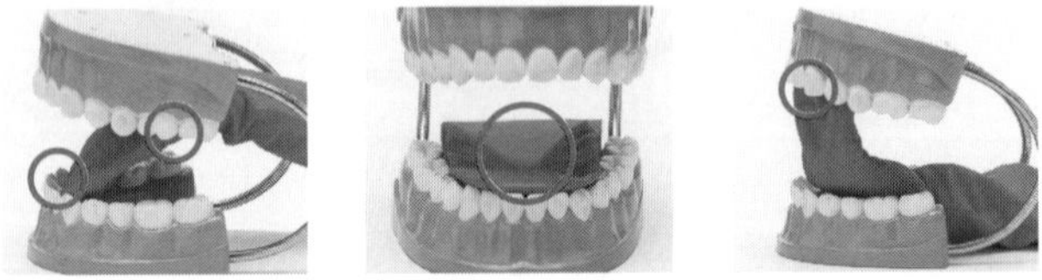

アメリカの幼稚園、小学校では、発音（フォニックス）から学び、新しい単語は１音ずつ発音を確認しながらマスターしていきます。英語学習の中でも、はじめに英語発音を学んでいれば、単語・文法を音読する度に、発音も同時に習熟していくことができるのです。日本では、英語上級者で英語力があるのにも関わらず、発音に自信がなくてスピーキングができず、コミュニケーション能力が低くなっている人もいます。英語発音をマスターすることで、英語のスピーキング力、コミュニケーション能力は劇的に

変わっていきます。

実は英語発音は、英語学習の中で最も簡単です。英語発音数は数が決まっていますので、英単語や文法のように膨大に覚え続けていく必要はありません。英語発音のルールを習得するだけです。ヴォイトレ・マスター® 英語発音メソッドでは、簡単にネイティヴ発音になれる方法を伝授しています。

英語だけに関わらず、すべての言語の発音は、口腔内の動きで決まります。発音ができないにはできない理由があり、発音ができるにはできる理由があります。声帯ででき上がった声の通り道を決めるのは、口腔内です。つまり、口と舌の動きです。

例えば、舌を思いきり丸めたまま声を出すと、こもったような発音になります。口を横に引いたまま声を出すと、薄っぺらい軽い発音になります。このように、口と舌の動きで発音は変化していきます。発音変化の方法、つまり、ネイティヴ発音の仕組みを知っていれば、自信を持って安定した発音ができるようになります。ぜひ本書と一緒に楽しく英語発音を学んでいきましょう。

山下 まさよ

各ページのQRコードから動画をご覧頂けます。
動画でみなさんと一緒に練習する先生を紹介します。

山下 まさよ 先生

▶ **part1** アルファベット26音発音トレーニング

Masayo Ymashita
本書の執筆者。ヴォイトレ・マスター® 英語発音メソッド創始者。
International Voice & Vocal School 代表。
アメリカ・ハリウッドにてアジア人初の国際ヴォイストレーナー資格を取得。これまで3歳から87歳までのべ1万人以上の英語発音指導を行なう。
詳細は128ページ参照。

マーク・バーク 先生

▶ **part2** アルファベットに含まれていない11音 発音トレーニング
▶ **part3** ネイティヴ発音4つのスキル 発音変化トレーニング

Marque Burke
アメリカ合衆国ワシントンD.C.出身。米国で英語教授法の資格を取得。現在は日本で、幼児ビギナー英語からビジネス英語まで、ネイティヴ英語指導をしている。日本人にわかりやすいティーチングが高評価を得ている。
<英語指導資格取得>
Oxford seminars（オックスフォード・セミナーズ）
◆ TESOL(Teaching English to Speakers of Other Languages)
◆ TEFL(Teaching English as a Foreign Language)

目次 contents

part2
アルファベットに含まれていない11音 発音トレーニング

part3
ネイティヴ発音4つのスキル 発音変化トレーニング

column

この本の使い方

本全体を通じて以下の標記に統一しています
【 】アルファベット
[ ] 発音記号
「 」発音のイメージを日本語で表したもの

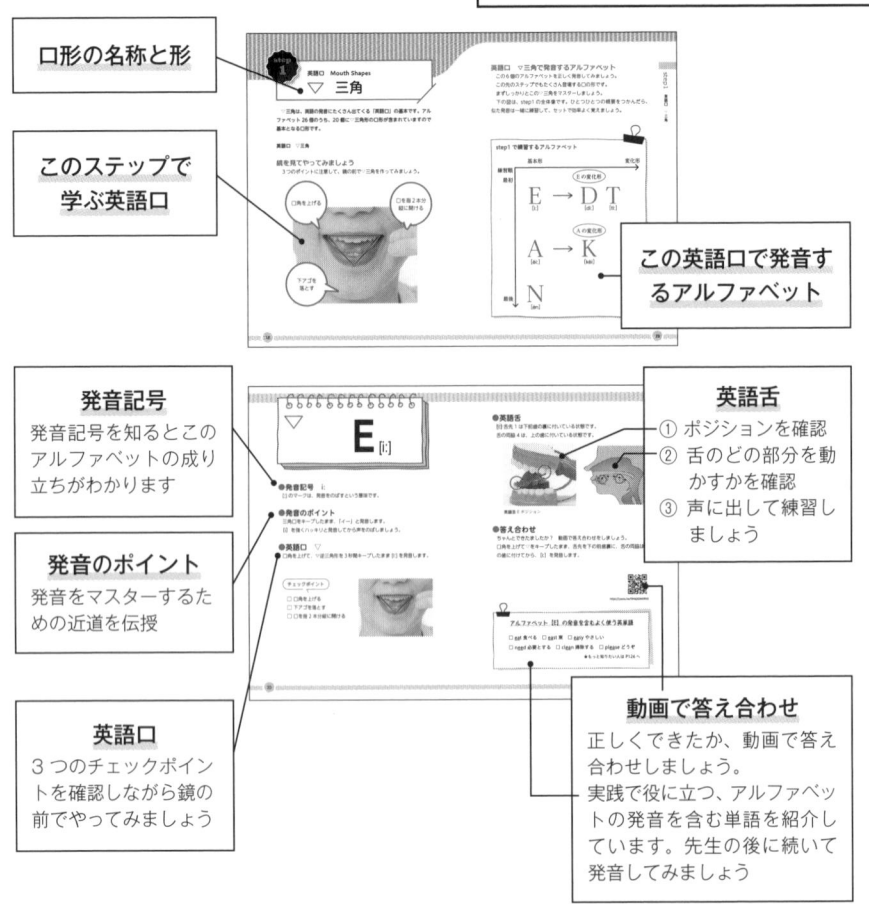

口形の名称と形

このステップで学ぶ英語口

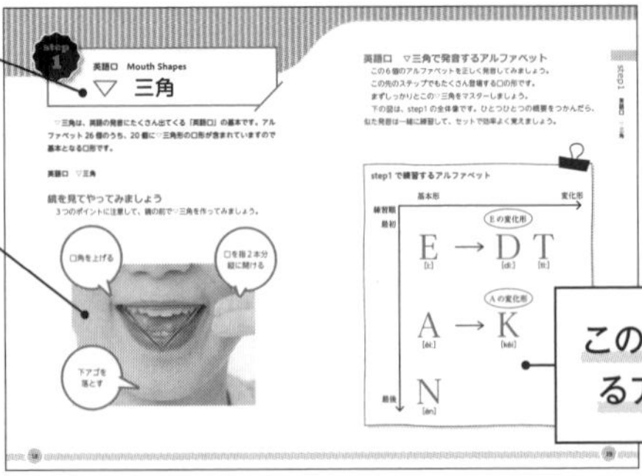

この英語口で発音するアルファベット

発音記号
発音記号を知るとこのアルファベットの成り立ちがわかります

発音のポイント
発音をマスターするための近道を伝授

英語口
3つのチェックポイントを確認しながら鏡の前でやってみましょう

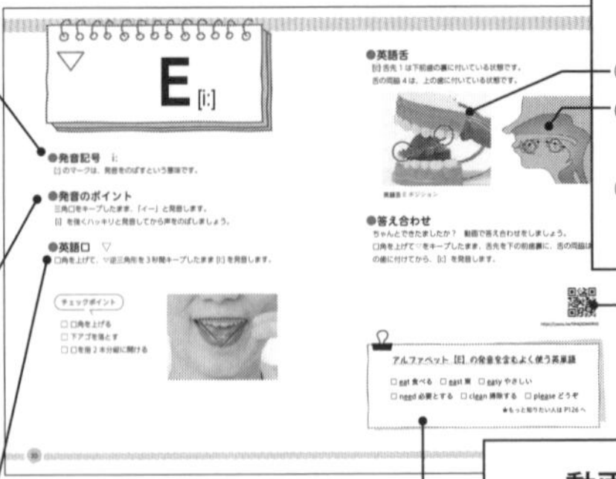

英語舌
① ポジションを確認
② 舌のどの部分を動かすかを確認
③ 声に出して練習しましょう

動画で答え合わせ
正しくできたか、動画で答え合わせしましょう。
実践で役に立つ、アルファベットの発音を含む単語を紹介しています。先生の後に続いて発音してみましょう

動画について

part1「アルファベット 26 音」と part2「アルファベットには含まれていない 11 音」にはひとつひとつに動画が付いています。また、コラムや part3 にも動画が付いています。

- スマートフォンをお持ちの方は QR コードからご覧ください
- 電子版をお読みの方は、URL をクリックしてご覧ください
- パソコンをご利用の方は、こちらのサイトからご覧ください
  https://k-editorial.jp/mov/hatsuon

動画サイト（YouTube）に接続されます。なお、動画サイトの都合により予告なく動画が変更・終了になる場合がございますので、予めご了承ください。

introduction
ヴォイトレ・マスター®
英語発音メソッドとは

アルファベットの発音を完璧にすることで、
ネイティヴ発音の７割を習得できる！
という英語発音メソッドです。
実際にトレーニングを始める前に、
ポイントをご紹介します。

英語発音トレーニングの仕組み

●英語発音トレーニングのやり方

1 鏡を見ながら「英語口」をマスター

英語の発音は口の形で決まります。まずは一番大事な口の形を練習します。チェックポイント（P10 参照）を常に確認しながら、声を出してみましょう。この時点では、発音は完璧でなくてもOKです。正しい口の形を 3 秒間キープできるようにしましょう。

2 「英語舌」で声に出してトレーニング！

英語口をマスターしたら、口形をキープしながら、英語舌を練習します。ポジション（P12 参照）を確認しながら、目的の舌の位置を動かせているかチェックしましょう。英語口と英語舌を合わせて初めて発音が完成します。はじめは個別に 1 音ずつ発音して、安定してきたら続けてスムーズに発音できるようにしましょう。

3 動画で答え合わせ

英語口と英語舌を習得して、スムーズにつなげて発音できるようになったら、動画で答え合わせをしましょう。
動画では、実践で役に立つ単語もご紹介しています。

●ネイティヴ発音マスターへの道

これでネイティヴ発音の
約**70**%完成

▶ PART1
アルファベット 26 音
発音トレーニング
9個の英語口をすべてマスター

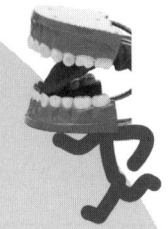

これでネイティヴ発音の
約**75**%完成

▶ PART2
アルファベットに
含まれていない 11 音
発音トレーニング
8個の英語舌をすべてマスター

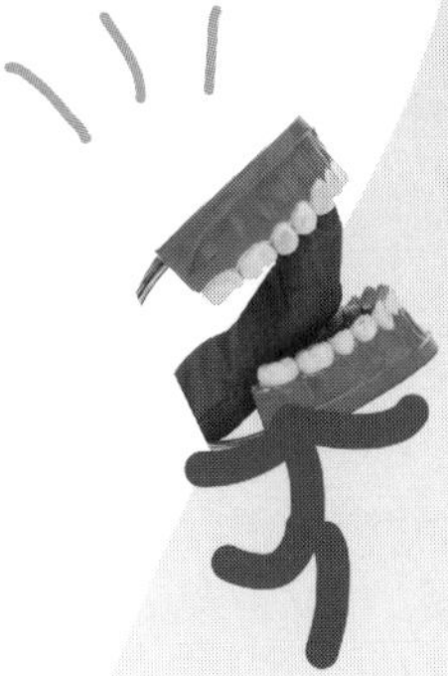

これでネイティヴ発音が
完成

▶ PART3
ネイティヴ発音 4 つのスキル
発音変化トレーニング
流暢な発音にするためのスキルをマスター

英語口一覧　Mouth Shapes

この本に登場する９個の英語口をチェックしておきましょう。

step1 英語口　Mouth Shapes　▽三角

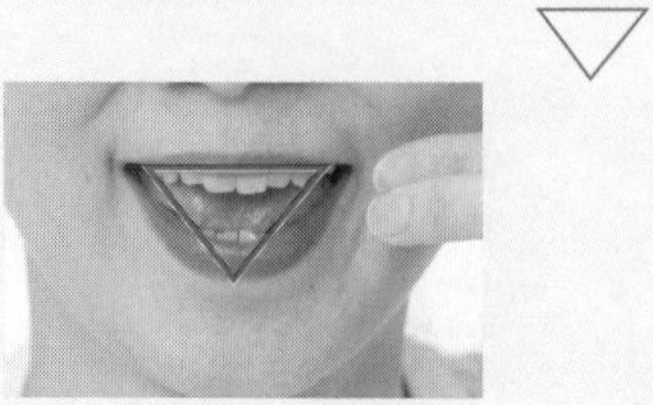

チェックポイント

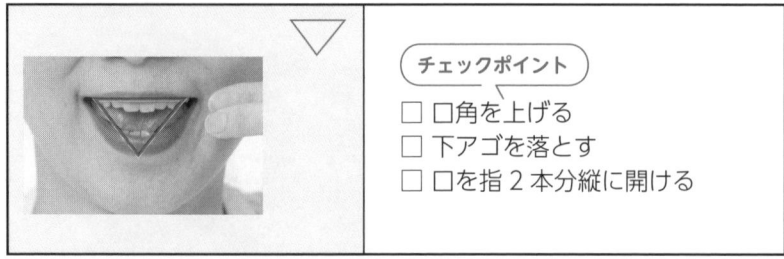

- □ 口角を上げる
- □ 下アゴを落とす
- □ 口を指２本分縦に開ける

step2 英語口　Mouth Shapes　クローズ

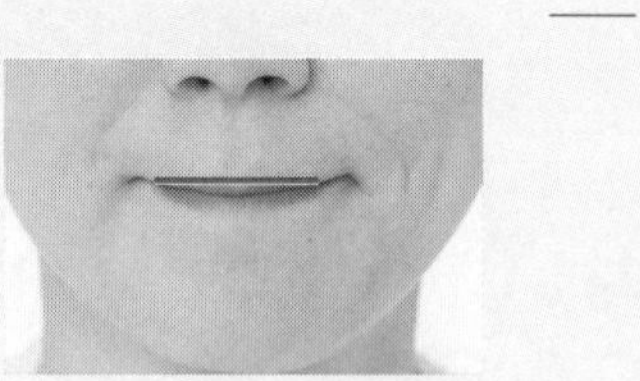

チェックポイント

- □ 唇を丸め込む
- □ 口を閉じる
- □ 歯を見せない

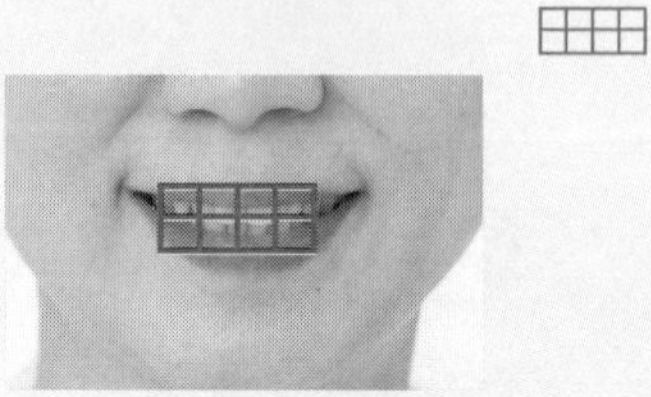

チェックポイント

- □ 歯を見せる
- □ 上下の歯を付ける
- □ 口角を上げる

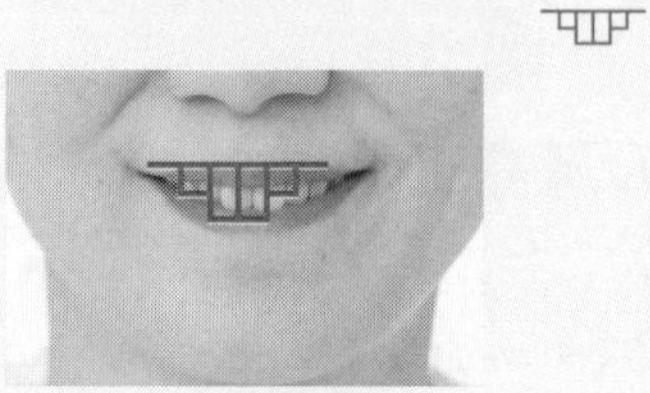

チェックポイント

- □ 口角を上げる
- □ 下唇を軽く噛む
- □ 上の歯だけ見せる

step3 英語口　Mouth Shapes　○ ① ② 丸

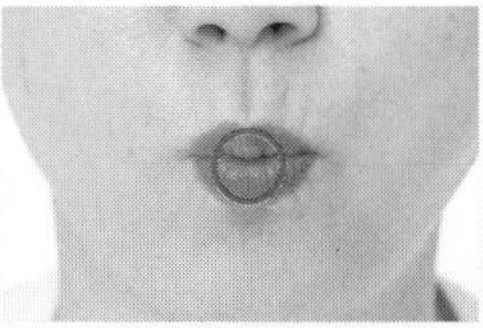 ○	チェックポイント □ 口笛を吹く感じ □ 口を前に突き出す □ 口をつまようじ 1 本分開ける
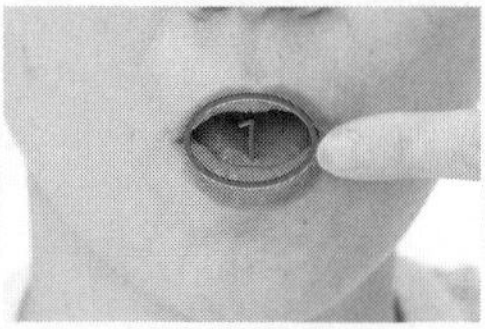 ①	チェックポイント □ 自然な状態 □ リラックス □ 口を指 1 本分縦に開ける
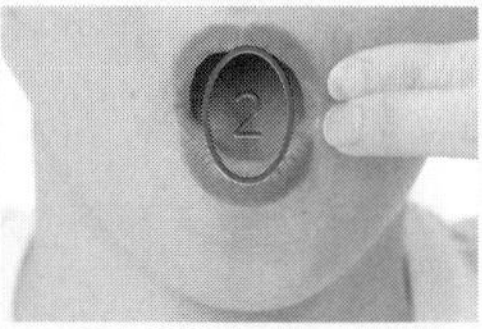 ②	チェックポイント □ あくびする感じ □ 下アゴを下げる □ 口を指 2 本分縦に開ける

step4 英語口　Mouth Shapes　田 □ 四角

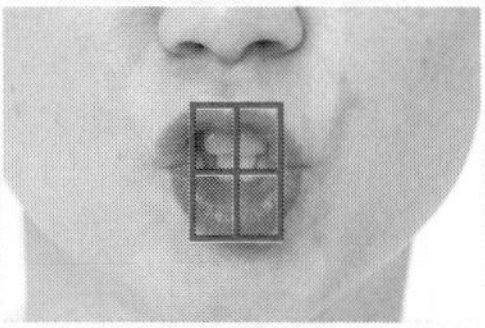 田	チェックポイント □ 上下の歯を付ける □ 唇を前に突き出す □ 唇を指 2 本分縦に開ける
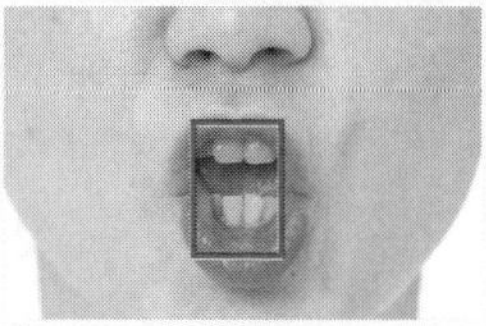 □	チェックポイント □ 人差指を噛んで上下の歯を 　指 1 本分開ける □ 唇を前に突き出す □ 口を指 2 本分縦に開ける

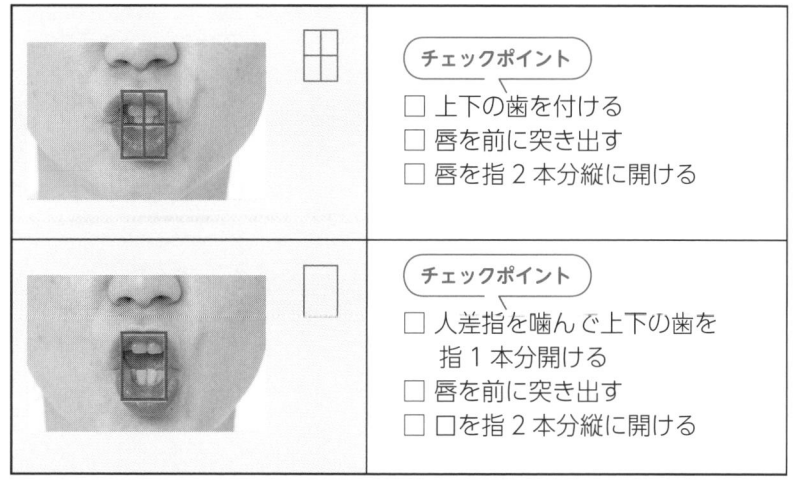

英語舌一覧　Tongue Positions

この本に登場する８個の英語舌をチェックしておきましょう。

O ポジション 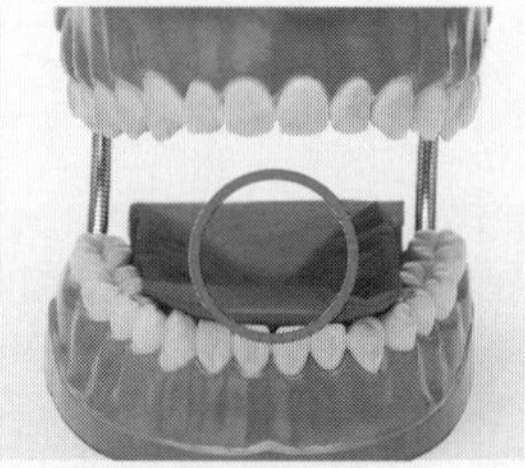	舌先を下前歯の裏に軽く付けたまま、舌の真ん中をくぼませせます。
L ポジション 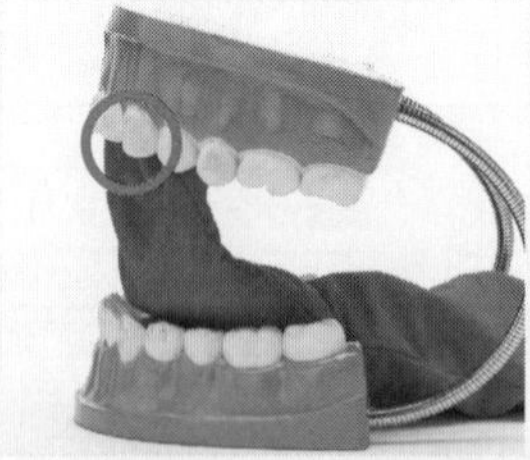	舌先だけ上前歯の裏に軽く付けます。
TN ポジション 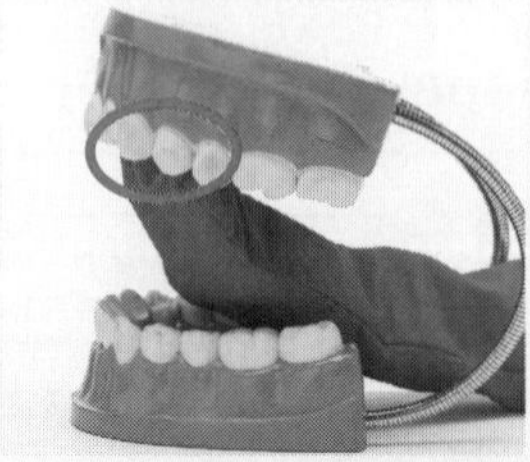	舌先を上アゴに付けます。L ポジションよりも舌の付く面積が少し広がります。
D ポジション 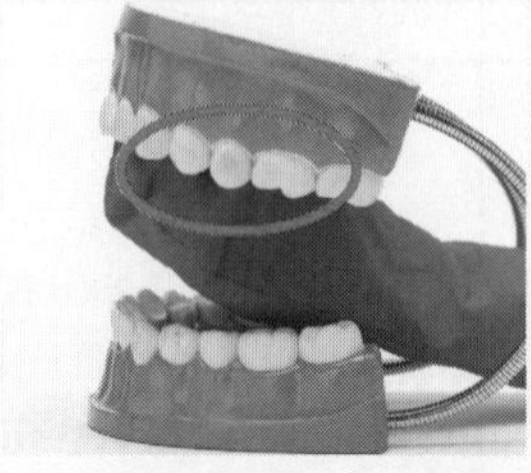	舌の前半分くらいを上アゴに付けます。TN ポジションより舌の付く面積がさらに広くなります。

K ポジション 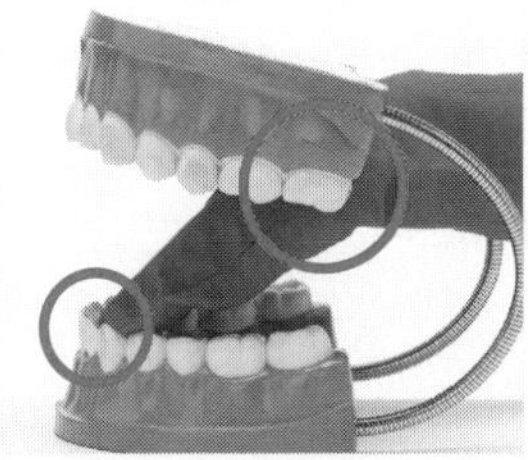	舌先を下前歯裏に付けたまま、舌の奥を上アゴに付けます。
R ポジション 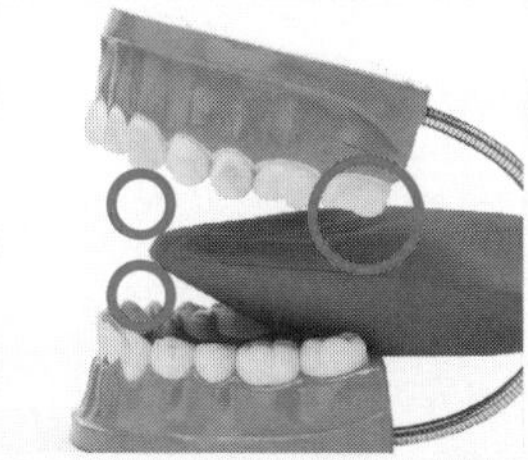	舌全体をまっすぐ後ろに引くだけです。舌先は上の歯にも下の歯にも触れません。
TH ポジション 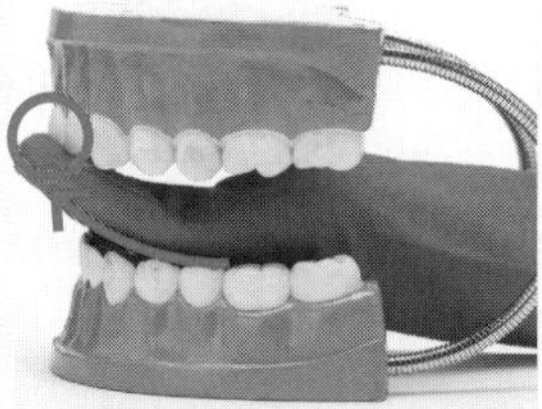	舌先を上の前歯に付けます。
E ポジション 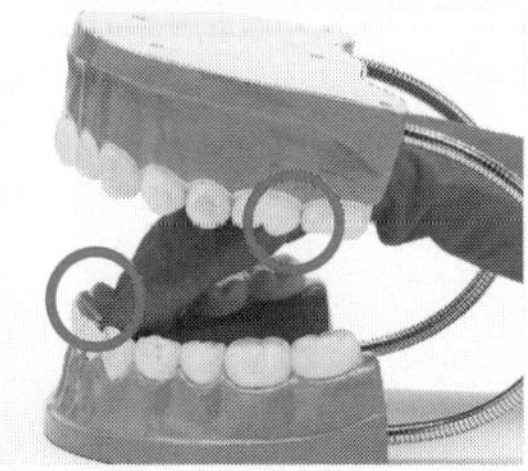	舌先を下前歯裏に付けたまま舌の両脇は上の歯に付けます。

英語発音トレーニングの基本

●トレーニングを始める前に

日本語を話している私たちの口は、日本語を話すための口と舌の動きが定着しています。まずは、英語発音の口と舌の動きにしていきましょう。

英語発音に苦手意識を持ってる方も多いと思いますが、発音は口の形と舌の位置を変えると劇的に変化します。一緒に学んでいきましょう。

●必要な道具

- □ **本書**…『急に英語がうまくなる！
アルファベットから始める発音トレーニング』
- □ **鏡**…口の形をチェックしましょう
- □ **スマートフォンまたはパソコン**…各ページの QR コードやリンクから動画を見て答え合わせをしましょう
- □ **飴**…飴のせトレーニングで、基本の英語舌をマスターしましょう

●英語口トレーニング

英語発音を定着させるためには、口形と舌の位置を3秒間キープすることが大切です。英語発音に使う筋肉、動きをマスターすると、声の通り道が安定して、毎回同じように発音できるようになります。

鏡を見ながら、ひとつずつ丁寧に練習してみましょう。

●英語舌トレーニング

私が代表をつとめるインターナショナルヴォイス＆ヴォーカルスクールでは、舌の模型を用いて、口の動かし方を解説しています。本書でも、私のスクールでの講義と同じように、歯の模型を使って解説していきます。

1 飴のせトレーニング

最初に英語舌の基礎である舌の動きをスムーズに動かすため、舌をリラックス状態にしていきます。舌の真ん中に飴をのせてみましょう。舌から飴が転げ落ちてしまったら、余計な力が入っている状態です。普通、スプーンの上に飴をのせても、飴は転がり落ちませんよね。リラックス状態の舌に飴をのせたときも同じです。舌がスプーンのような形になるはずです。

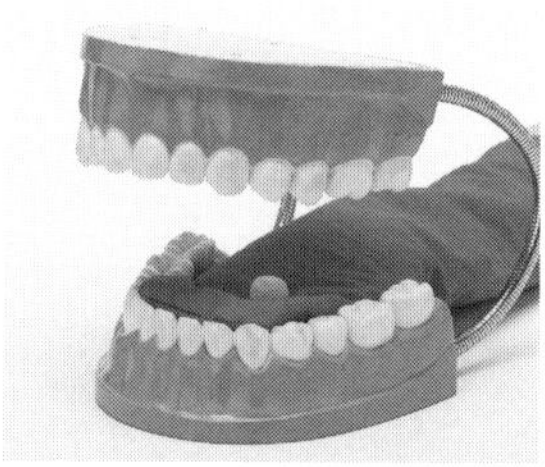

2 舌のパーツ別トレーニング

舌の位置を瞬時に動かせるように、舌の動きをパーツ別でマスターしていきましょう。舌先から舌根まで、１番～５番のポジション番号を付けました。舌をパーツごとに動かせるように一緒に練習していきましょう。舌のどこのポジションが動いているのかを意識することから始めましょう。すべての発音にポジション図（右下）を付けましたので、確認しながら発音してみてください。

最初はゆっくりな動きで大丈夫です。少しずつステップアップして最終的には自然に動かせるようにしましょう。

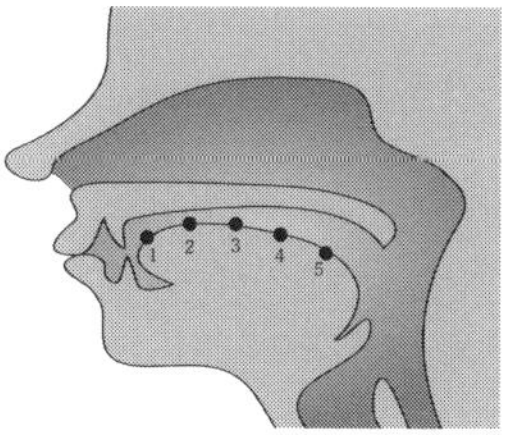

覚えておきたい発音用語集

このメソッドをマスターするために、理解しておいていただきたい英語発音用語を６個紹介します。

1　母音

英語には母音と子音があります。日本語は「ア」「イ」「ウ」「エ」「オ」の５音が母音です。英語の母音は 14 音あります。

2　子音

日本語の子音は 16 音ですが、英語の子音は 24 音あります。
日本語の語尾は基本的に母音で終わりますが、英語の語尾は子音で終わることが多いので、子音は重要です。

3　曖昧母音=シュワサウンド

曖昧母音は、英語で schwa「シュワ」と呼ばれています。[ə] が代表的な音で、アルファベット【L】の発音にも実はシュワサウンド [ə] の発音が含まれています。(P86 参照)

4　破裂音

空気の破裂によって生まれる発音です。唇を使って破裂させる音、舌を上アゴに付けてからけり落として破裂させる音、舌の奥を上アゴに付けてからけり落として破裂させる音などが代表的な破裂音です。

5　無声音

[k]「ク」[s]「ス」[h]「フ」など、声を出さずに息だけで発音する音のことです。

6　有声音

[d]「ドゥッ」[b]「ブ」[g]「グ」[z]「ズ」などが有声音です。声を出して発音する音です。

part 1

アルファベット26音発音トレーニング

ネイティヴ発音を習得するためのコツは、
英語口と英語舌を習得することです。
5ステップでアルファベットをマスターしましょう。
これでネイティヴ発音の7割が完成します。

step 1

英語口　Mouth Shapes
▽　三角

▽三角は、英語の発音にたくさん出てくる「英語口」の基本です。アルファベット 26 個のうち、20 個に▽三角形の口形が含まれていますので基本となる口形です。

英語口　▽三角

鏡を見てやってみましょう

3つのポイントに注意して、鏡の前で▽三角を作ってみましょう。

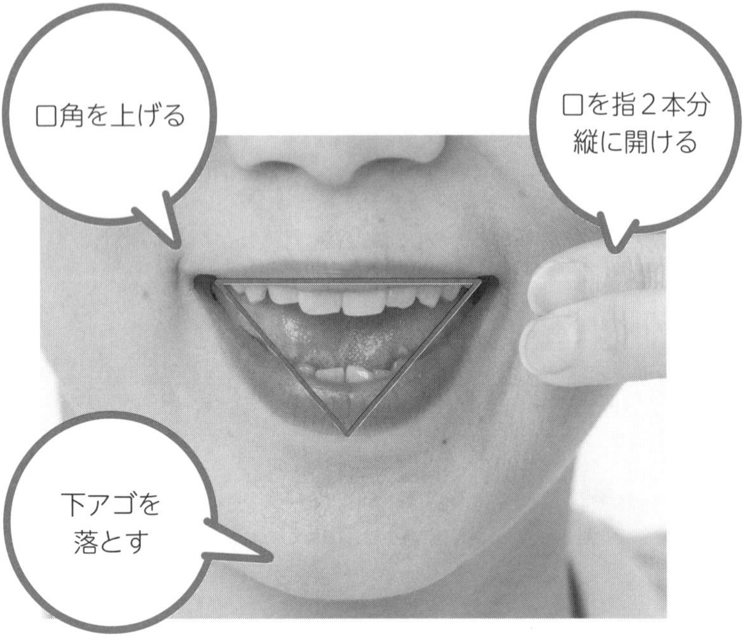
口角を上げる
口を指２本分
縦に開ける
下アゴを
落とす

英語口　▽三角で発音するアルファベット

　この６個のアルファベットを正しく発音してみましょう。この先のステップでもたくさん登場する口の形です。まずしっかりとこの▽三角をマスターしましょう。

　下の図は、step1 の全体像です。ひとつひとつの概要をつかんだら、似た発音は一緒に練習して、セットで効率よく覚えましょう。

step1 で練習するアルファベット

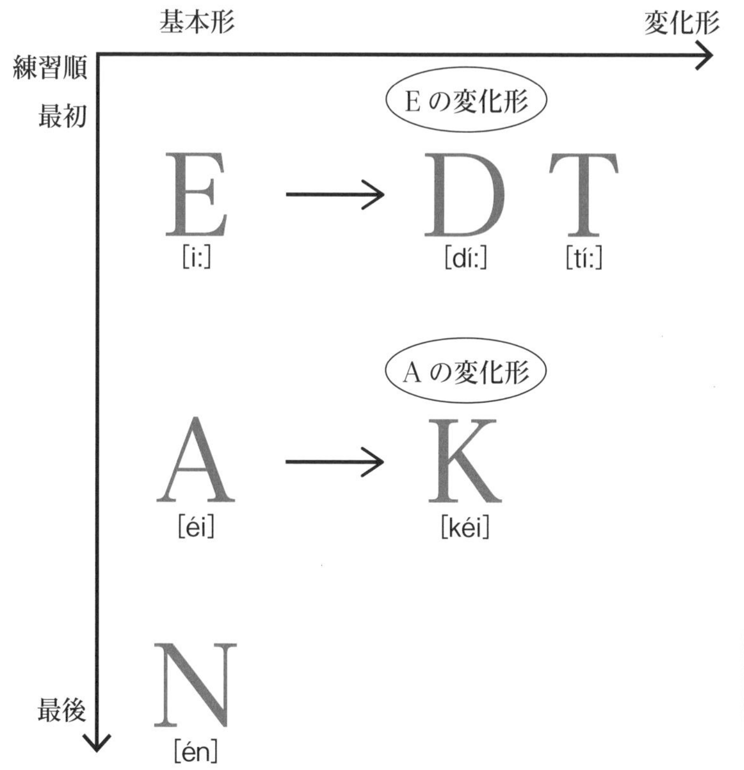

▽

E [iː]

●発音記号　iː

[ː] のマークは、発音をのばすという意味です。

●発音のポイント

三角をキープしたまま、「イー」と発音します。

[i] を強くハッキリと発音してから声をのばしましょう。

●英語口　▽

口角を上げて、逆三角形を 3 秒間キープしたまま [iː] を発音します。

チェックポイント

- □ 口角を上げる
- □ 下アゴを落とす
- □ 口を指 2 本分縦に開ける

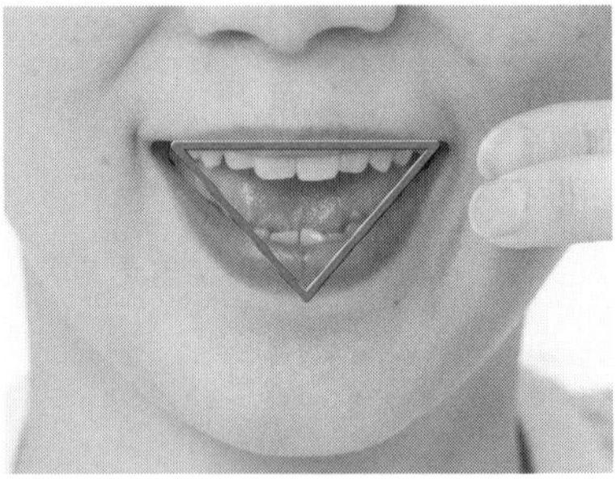

英語舌

[i:] 舌先 1 は下前歯の裏に付いている状態です。

舌の両脇 4 は、上の歯に付いている状態です。

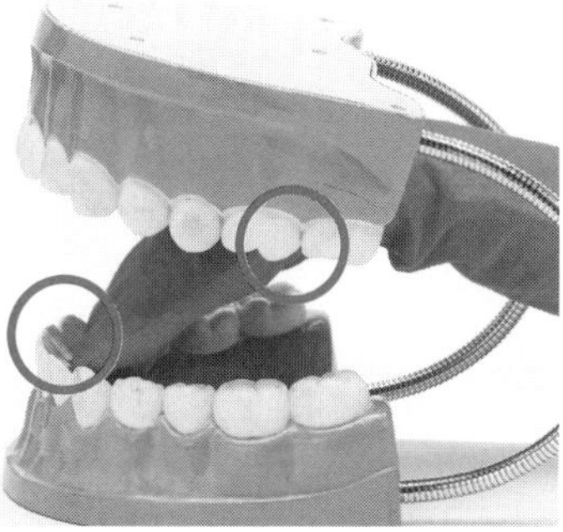

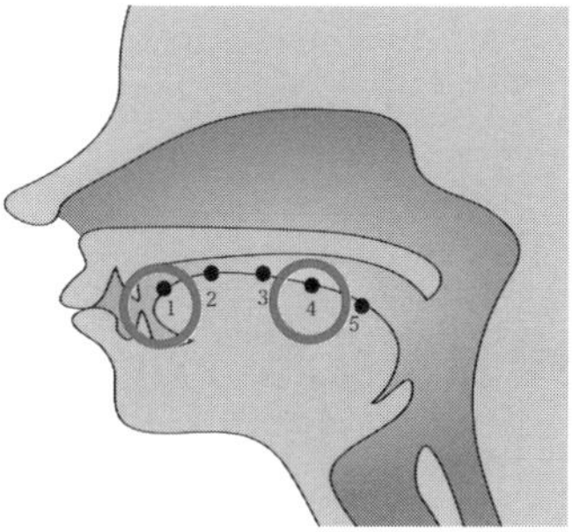

英語舌 E ポジション

答え合わせ

ちゃんとできたましたか？　動画で答え合わせをしましょう。

口角を上げて▽をキープしたまま、舌先を下の前歯裏に、舌の両脇は上の歯に付けてから、[i:] を発音します。

https://youtu.be/OHAjGDNGRX0

アルファベット【E】の発音を含むよく使う英単語

☐ eat 食べる　☐ east 東　☐ easy やさしい

☐ need 必要とする　☐ clean 掃除する　☐ please どうぞ

★もっと知りたい人は P126 へ

▽

D [dí:]

●発音記号　dí:

【E】[i:] の発音の前に [d] という発音が付くだけです。

●発音のポイント

三角の口形のまま、舌の位置が変わるのがポイント。発音記号は前半が [d]「ドゥ」で後半が [i:]「イー」です。

●英語口　▽

口角を上げて、口形を逆三角形で 3 秒間キープしたまま [dí:] と発音します。

チェックポイント

- □ 口角を上げる
- □ 下アゴを落とす
- □ 口を指 2 本分縦に開ける

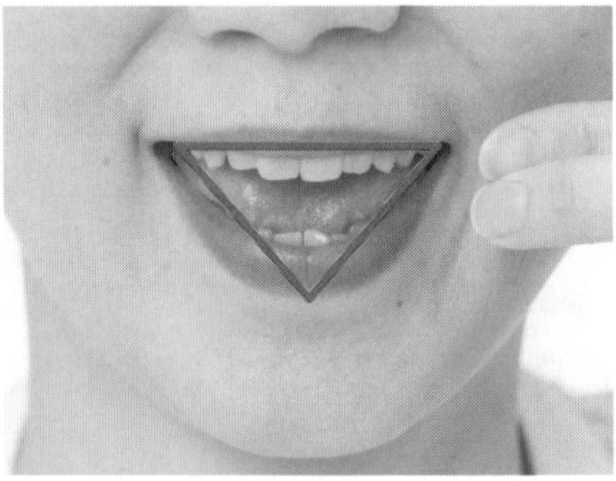

●英語舌

[d] 舌の前半分ぐらい (1～3) を上アゴに付けましょう。
舌を上から下にけり落とすときに声を「ドゥッ」と出します。口の前に手を置いて、声が手に当たる感覚があれば OK です。

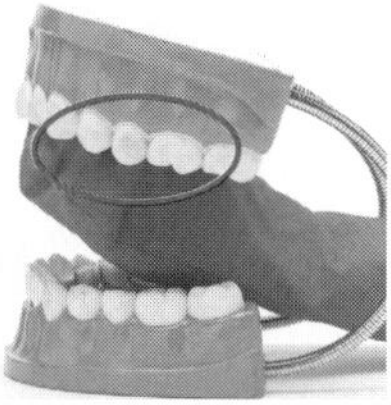
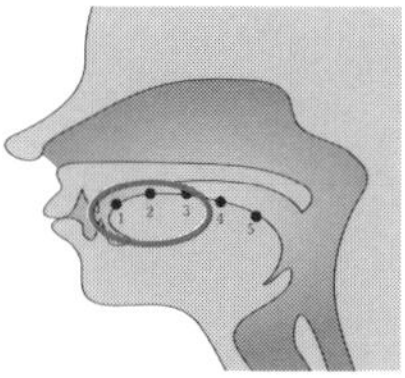

英語舌 D ポジション

[i:] アルファベット【E】をハッキリと発音します。舌先 1 を下前歯の裏に付けます。
舌の両脇 4 は上の歯に付いている状態です。

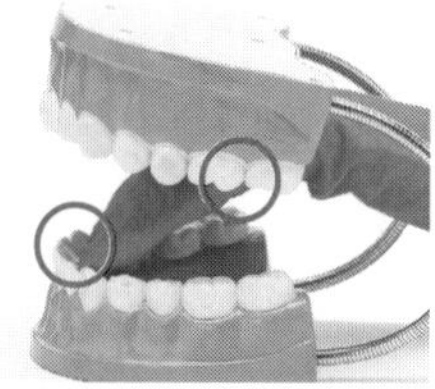
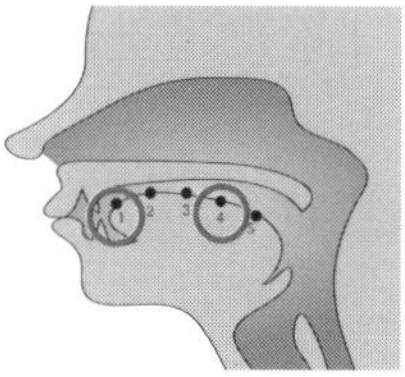

英語舌 E ポジション

●答え合わせ

つなげて発音してみましょう。
口角を上げて▽をキープしたまま、舌を上から下に強くけり落として [d]、舌先を下の前歯の裏に付けて、舌の両脇は上の歯に付けた状態で、[i:] をハッキリと発音します。

https://youtu.be/lngrTozWQlY

アルファベット【D】の発音を含むよく使う英単語

□ deep 深い　□ deal 扱う　□ indeed 確かに

□ daddy パパ　□ lady 女性　□ candy アメ

★もっと知りたい人は P126 へ

▽ **T** [tí:]

●発音記号　tí:

【E】[i:] の発音の前に [t] という息の発音だけが付きます。

●発音のポイント

▽三角の口形のまま、舌の位置が変わるのがポイント。

発音記号は前半が [t]「トゥッ」で後半が [i:]「イー」です。

●英語口　▽

口角を上げて、口形を逆三角形で 3 秒間キープしたまま [tí:] と発音します。

チェックポイント

- □ 口角を上げる
- □ 下アゴを落とす
- □ 口を指 2 本分縦に開ける

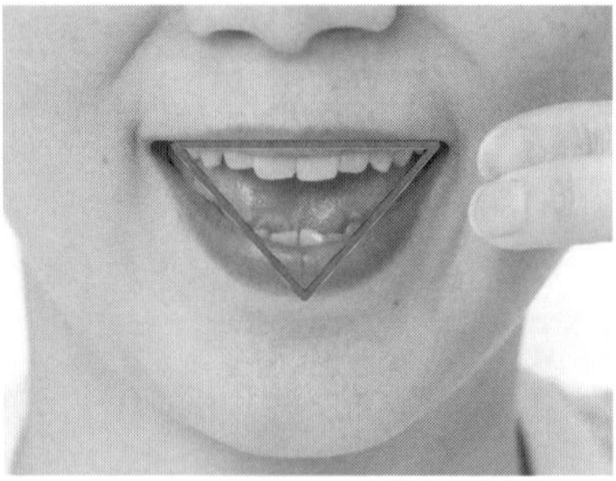

●英語舌

[t] 舌先１と２を上前歯の裏に付けてから、舌を上から下に息だけでけり落とします。声は入りません。口の前に手を置いて、手に声が当たる感覚があれば OK です。

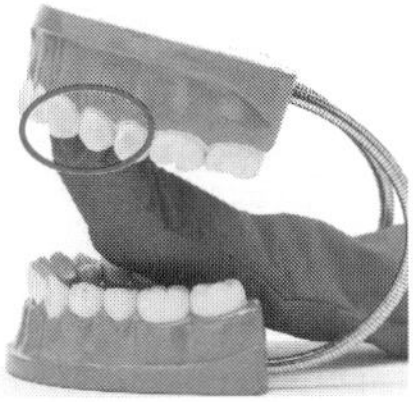
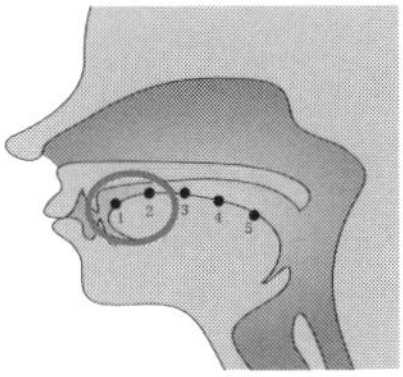

英語舌 TN ポジション

[i:] アルファベット【E】をハッキリと発音します。舌先１は下前歯の裏に付けます。
舌の両脇４は上の歯に付いている状態です。

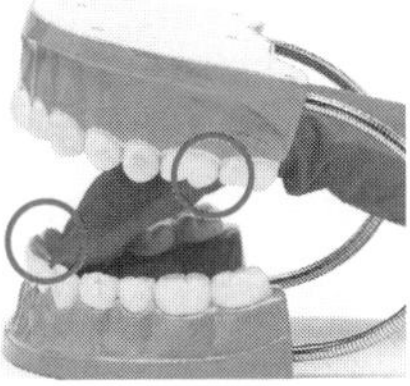
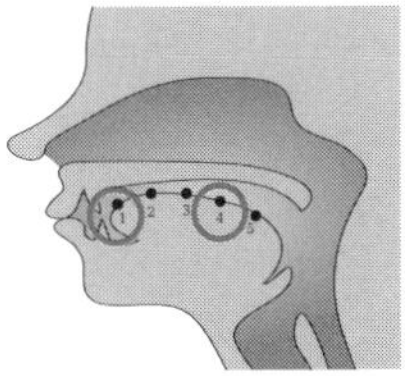

英語舌 E ポジション

●答え合わせ

つなげて発音してみましょう。
口角を上げて▽をキープしたまま、舌を上から下に強くけり落として [d]、舌先を下の前歯の裏に付けて、舌の両脇は上の歯に付けた状態で、[i:] をハッキリと発音します。

https://youtu.be/tutmWJh3l68

アルファベット【T】の発音を含むよく使う英単語

☐ tea 紅茶　☐ team チーム　☐ teeth 歯

☐ empty 空っぽの　☐ steep 険しい　☐ teal 青緑

★もっと知りたい人は P127 へ

▽

A [éi]

●発音記号　éi

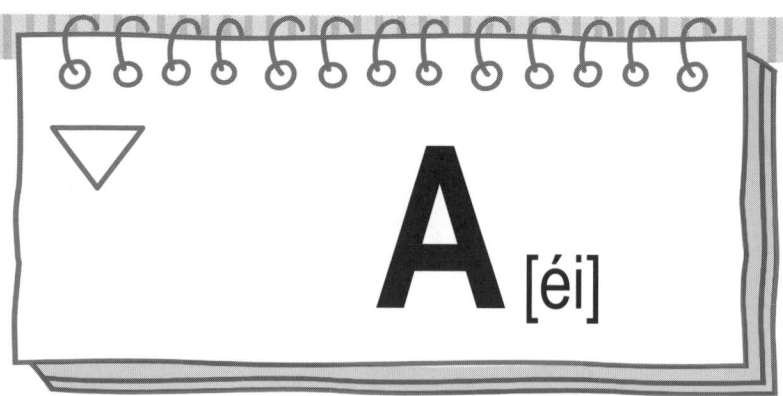

【A】は［e］［i］という２つの母音で構成されているので「二重母音」と呼ばれています。［i］はアルファベット【E】の［iː］をのばさずに、短く発音するだけです。

●発音のポイント

▽三角の口形のまま、２つの発音をします。
発音記号は前半が [e]「エ」で後半が [i]「イ」です。
発音が変わるだけで、前半も後半も同じ口の形、同じ舌の位置です。

●英語口　▽

口角を上げて、口形を逆三角形で３秒間キープしたまま [éi] と発音します。[e] と [i] で発音は変わりますが、三角はキープしましょう。

チェックポイント

- □ 口角を上げる
- □ 下アゴを落とす
- □ 口を指２本分縦に開ける

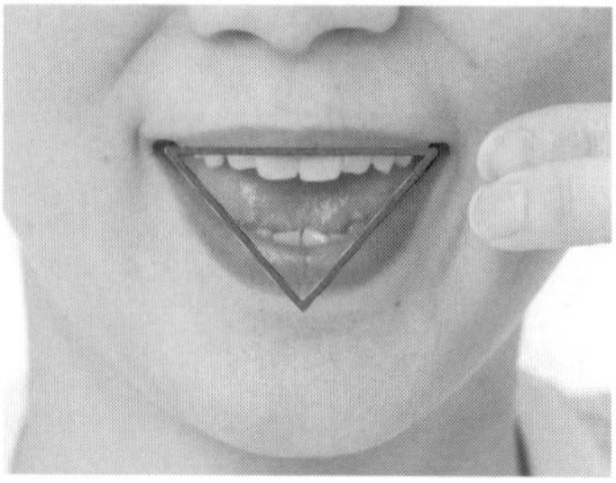

●英語舌

[éi] の [e] と [i] は同じ舌の形です。

舌先 1 は下前歯の裏に付けます。

舌の両脇 4 は上の歯に付けます。このまま舌をキープしたまま、【A】[éi] を一気に発音します。

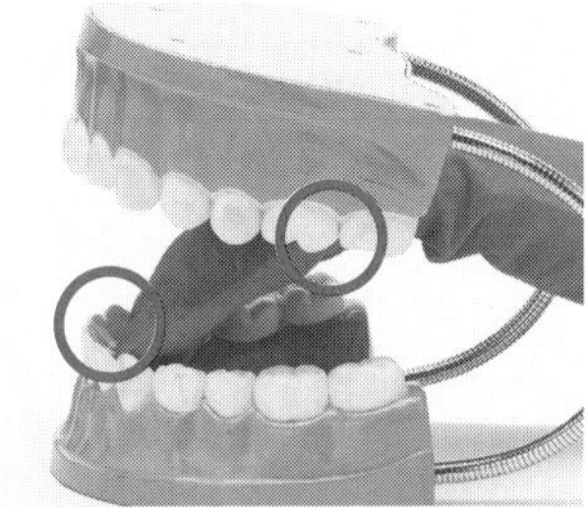

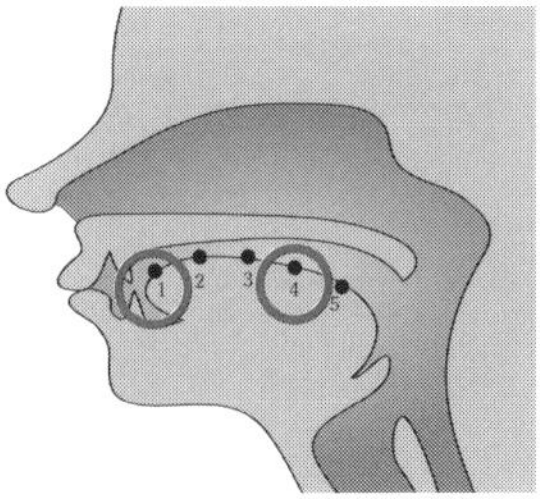

英語舌 E ポジション

●答え合わせ

口角を上げて▽をキープしたまま、舌先を下の前歯に、舌の両脇は上の歯に付けて、[éi] と発音します。

https://youtu.be/CCUGyxPvsoA

アルファベット【A】の発音を含むよく使う英単語

□ eight 8　□ ate 食べた　□ aim 目的

□ pay 支払う　□ wait 待つ　□ late 遅れて

★もっと知りたい人は P126 へ

▽

K [kéi]

●発音記号　kéi

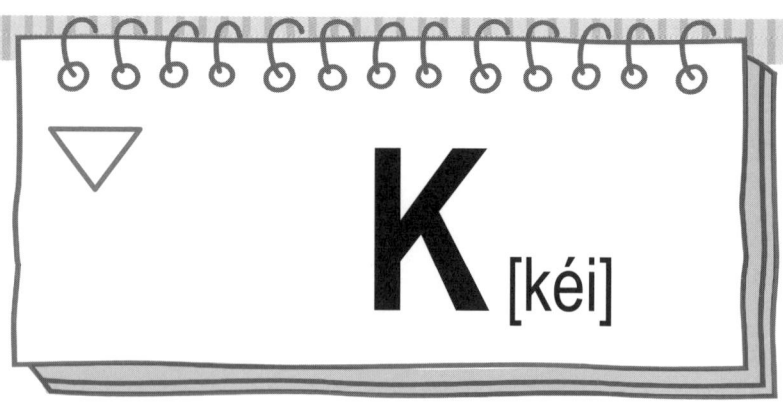

【K】は、【A】の前に [k] という音が入るだけです。

●発音のポイント

▽三角の口形のまま、[k]「クッ」[e]「エ」[i]「イ」3つの音を発音します。

まず強く [k] を息でけり出してから、すぐに【A】[éi] を発音します。

●英語口　▽

口角を上げて、口形を逆三角形で3秒間キープしたまま [kéi] と発音します。[k] [e] [i] と発音は変わりますが、三角はキープしたまま発音しましょう。

チェックポイント

- □ 口角を上げる
- □ 下アゴを落とす
- □ 口を指2本分縦に開ける

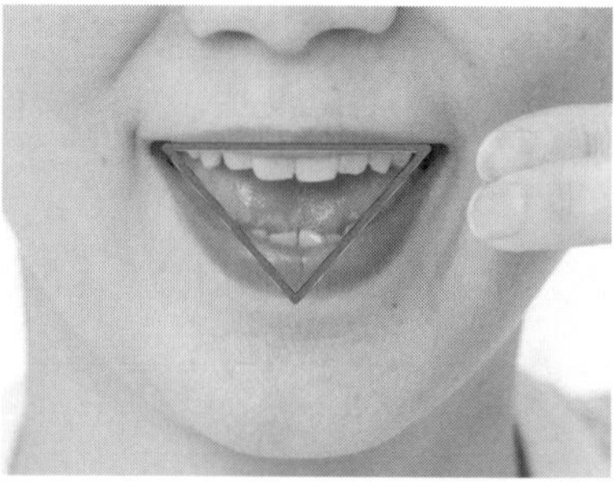

●英語舌

[k] 舌先 1 は下前歯の裏に付けたまま舌の奥 5 を上に付けて、「クッ」と息だけで発音します。口の前に手を置いて、手に息が当たる感覚があれば OK です。

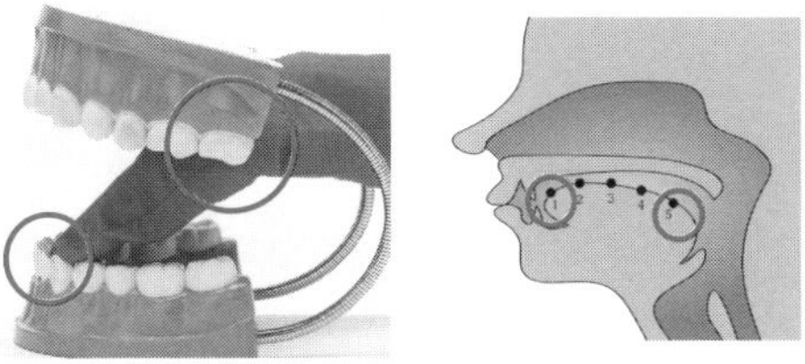

英語舌 K ポジション

[éi] アルファベット【A】の発音です。[é] も [i] も同じ舌の形です。
舌先 1 は下前歯の裏に付けます。
舌の両脇 4 は上の歯に付いている状態です。

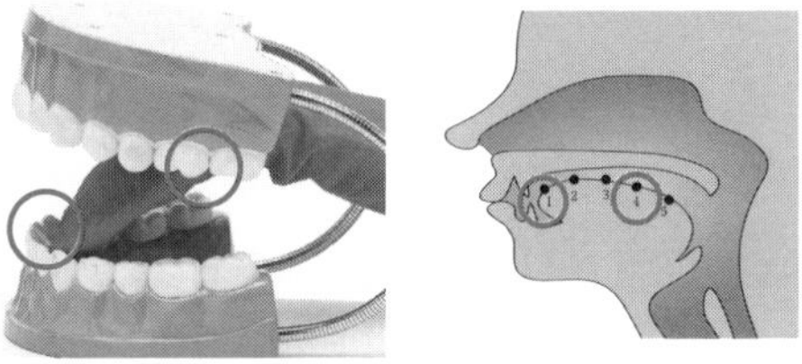

英語舌 E ポジション

●答え合わせ

つなげて発音してみましょう。
口角を上げて▽三角をキープしたまま、舌先は常に下の前歯裏に付けて、[k] [é] [i] 3 つの音を発音します。

https://youtu.be/a0eI_qY6T-Q

アルファベット【K】の発音を含むよく使う英単語

□ cake ケーキ　□ came 来た　□ case 場合

□ skate スケート　□ escape 逃れる　□ indicate 示す

★もっと知りたい人は P127 へ

▽

N [én]

●発音記号　én

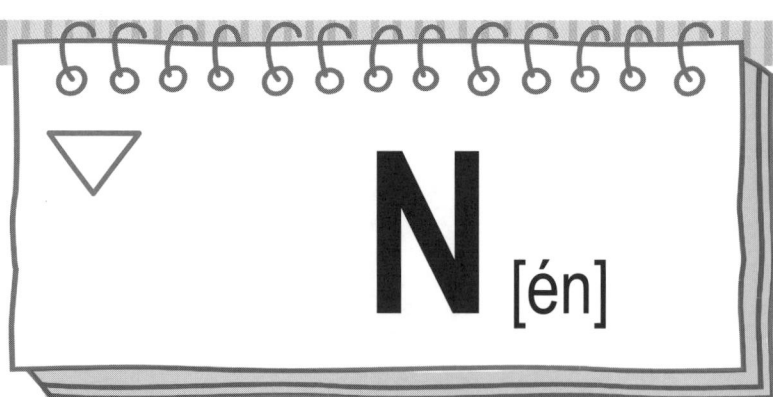

アルファベット【A】[éi] の最初の発音 [e] の発音のあとに、[n] を発音します。

●発音のポイント

[e]「エ」と発音したあと、▽三角の口形をキープしたまま舌を上アゴに付けて、[n]「ン」と発音をします。[n] は鼻から声を出す練習をしましょう。

●英語口　▽

口角を上げて、口形を逆三角形で 3 秒間キープしたまま [én] と発音します。[e] [n] と発音は変わっても、三角の口形はキープしましょう。

チェックポイント

- □ 口角を上げる
- □ 下アゴを落とす
- □ 口を指 2 本分縦に開ける

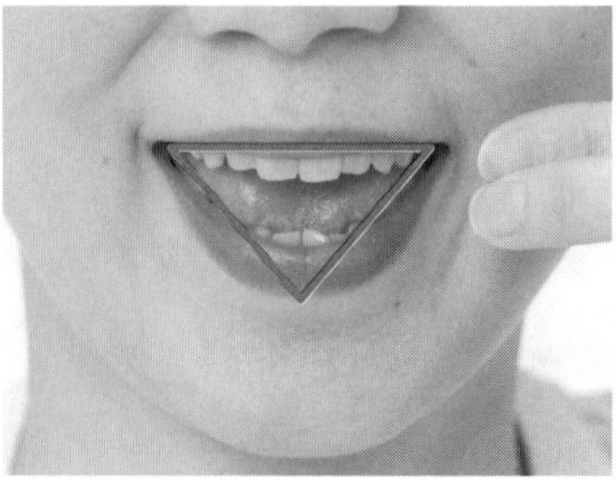

●英語舌

[e] 舌先 1 は下前歯の裏に付けます。
舌の両脇 4 は上の歯に付いている状態です。

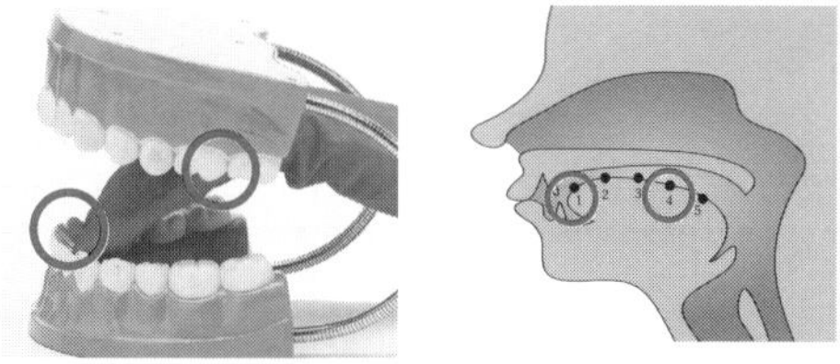

英語舌 E ポジション

[n] 舌先（1 と 2）を上前歯の裏に軽く付けたまま発音します。口からは声がでなくて OK！　鼻から声がでる発音です。

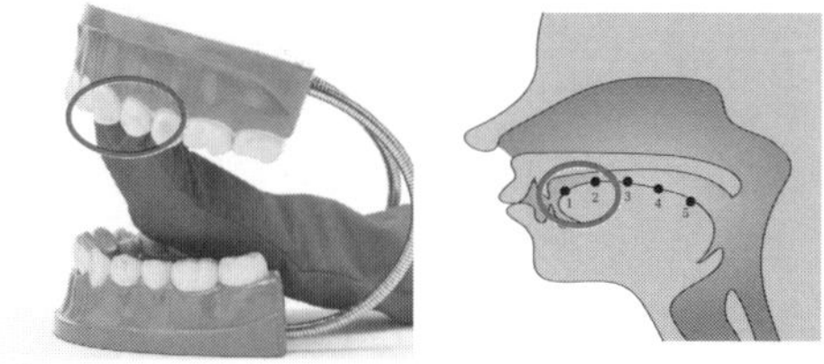

英語舌 TN ポジション

●答え合わせ

つなげて発音してみましょう。
口角を上げたまま三角をキープします。舌先を下の前歯裏に、舌の両脇は上の歯に付けて [e]、舌先を上前歯に付けて [n]。[n] を長めにのばしましょう。

https://youtu.be/9SSBHv3n4Ys

アルファベット【N】の発音を含むよく使う英単語

□ end 終わる　□ enter 入る　□ pen ペン

□ ten 10　□ when いつ　□ send 送る

★もっと知りたい人は P127 へ

step 2

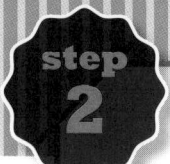

英語口　Mouth Shapes

―― 田田 ㅠㅠ クローズ

ここでは、―― 田田 ㅠㅠ クローズの口形を練習します。クローズの英語口は 3 種類あります。どれも口を横に引っ張るイメージです。異なる点は、歯の見せ方です。

英語口　―― 歯を見せない

鏡を見てやってみましょう

3つのポイントに注意して、鏡の前で口形を作ってみましょう。

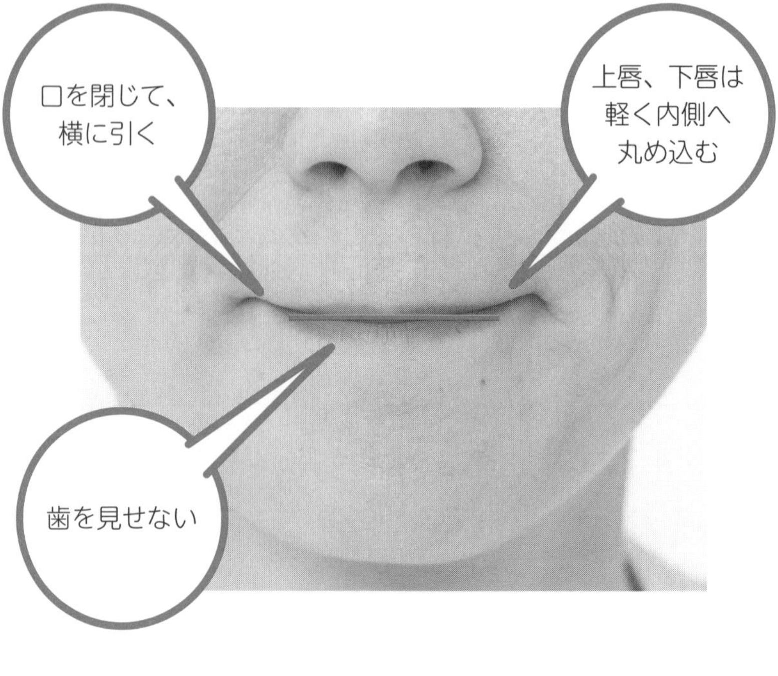

口を閉じて、
横に引く
上唇、下唇は
軽く内側へ
丸め込む
歯を見せない

英語口　▦ 歯を見せる

鏡を見てやってみましょう

3つのポイントを確認しながら、鏡の前で口形を作ってみましょう。

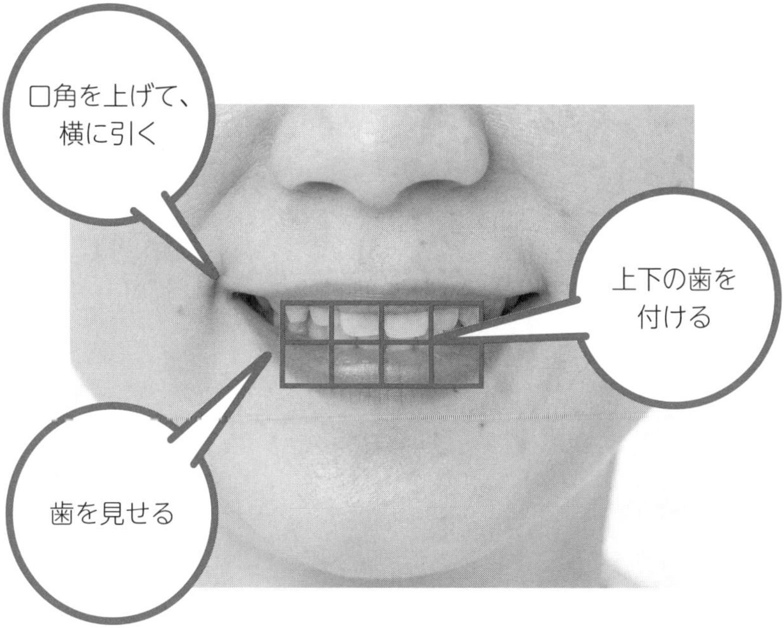
口角を上げて、
横に引く
上下の歯を
付ける
歯を見せる

英語口　上の歯だけ見せる

鏡を見てやってみましょう

３つのポイントに注意して、鏡の前で口形を作ってみましょう。

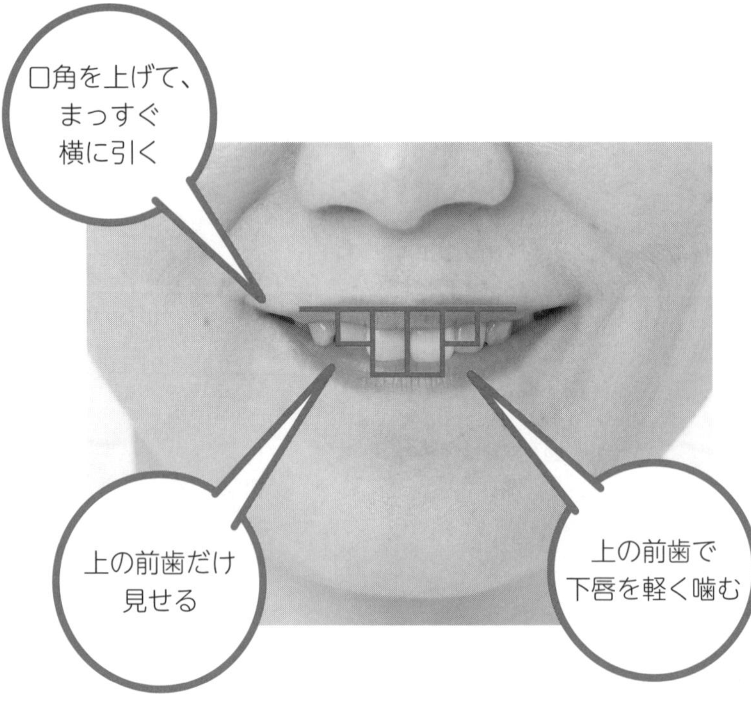
口角を上げて、
まっすぐ
横に引く
上の前歯だけ
見せる
上の前歯で
下唇を軽く噛む

英語口 ―― クローズで発音するアルファベット

step1 で練習した▽三角と組み合わせたアルファベットを練習しましょう。

下の図は、step 2の全体像です。step 1の三角と、クローズだけで習得できるアルファベットは9個あります。ひとつひとつの発音ができたら、似ている発音をセットで練習して覚えましょう。

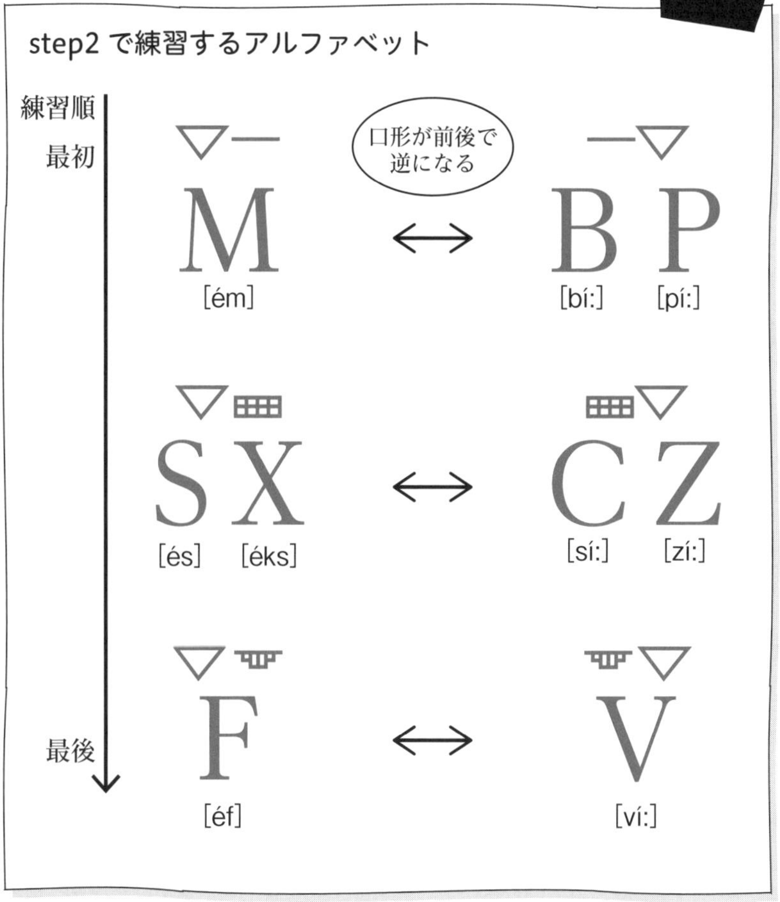

▽ — M [ém]

●発音記号　ém

アルファベット【A】[éi] の [e] と同じ発音のあとに、[m] を発音します。

●発音のポイント

[e]「エ」と発音したあと、唇を内側に丸め込んで口を閉じたまま、[m] の発音をします。口からは声は出ません。口を閉じて鼻からのバイブレーションで音が出ます。

●英語口　▽　→　—

口角を上げて、三角口で３秒間キープしたまま [e] と発音し、口を閉じて [m] と発音します。

[e]　▽

- □ 口角を上げる
- □ 下アゴを落とす
- □ 口を指２本分縦に開ける

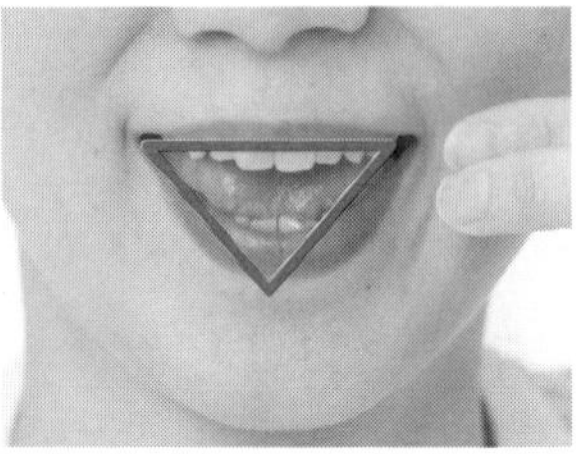

[m]　—

- □ 唇を丸め込む
- □ 口を閉じる
- □ 歯を見せない

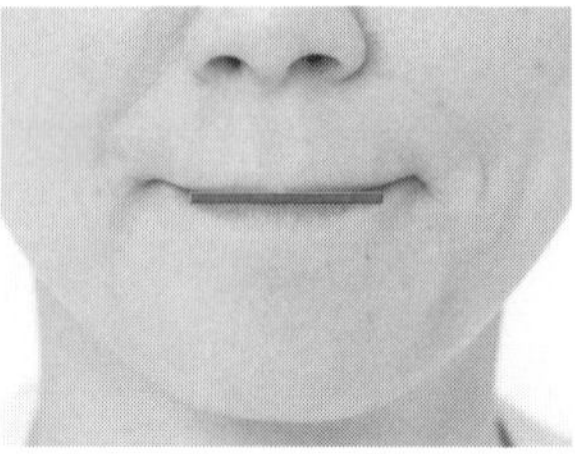

●英語舌

[e] 舌先 1 は下前歯の裏に付けます。
舌の両脇 4 は上の歯に付いている状態です。

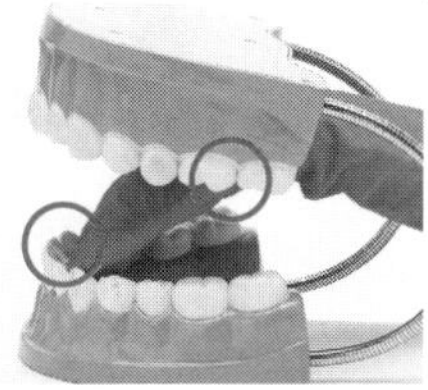
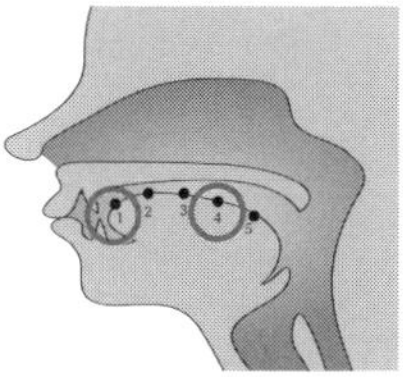

英語舌 E ポジション

[m] 舌先 1 を下前歯の裏に軽く付けたまま、舌の真ん中 3 をくぼませます。
舌はスプーンのような状態です。口は閉じていますので、口からは音が出ません。鼻からのバイブレーションで音が出ます。

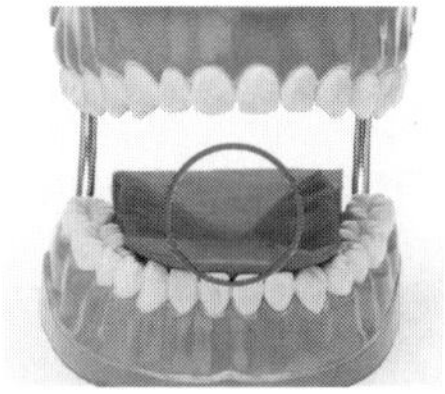
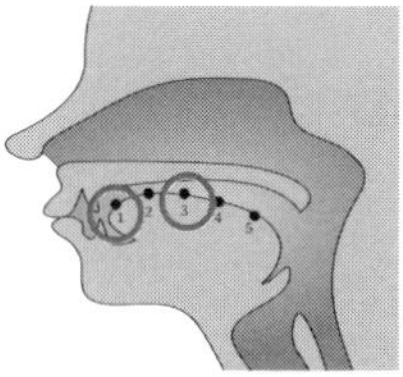

英語舌 O ポジション

●答え合わせ

つなげて発音してみましょう。
▽三角の口形で、[e] にアクセントを付けて発音後、唇を内側に丸め込んで、口を閉じたまま [m] で鼻からのバイブレーションを長めに出す練習をしましょう。

https://youtu.be/RE3NcbIfGxM

アルファベット【M】の発音を含むよく使う英単語

☐ empty 空っぽの　☐ empire 帝国　☐ lemon レモン
☐ memo メモ　☐ gem 宝石　☐ them 彼らを（に）

★もっと知りたい人は P127 へ

一 ▽ B [bíː]

●発音記号　bíː

[b] という発音のあとに、アルファベット【E】[iː] と同じ発音をします。

●発音のポイント

[iː] は、アルファベット【E】でマスターされているので、[b] がポイントです。閉じた唇から「ブッ」と一瞬の破裂音で生まれる発音です。

●英語口　一　→　▽

口形は、ひとつ前のアルファベット【M】と前半と後半が入れ替わります。まず、唇を閉じて息をため込んでから、音とともに唇を破裂させて [b] と発音したら、瞬時に口角を上げて三角にして、[iː] と発音します。

[b]　一

□ 唇を丸め込む
□ 口を閉じる
□ 歯を見せない

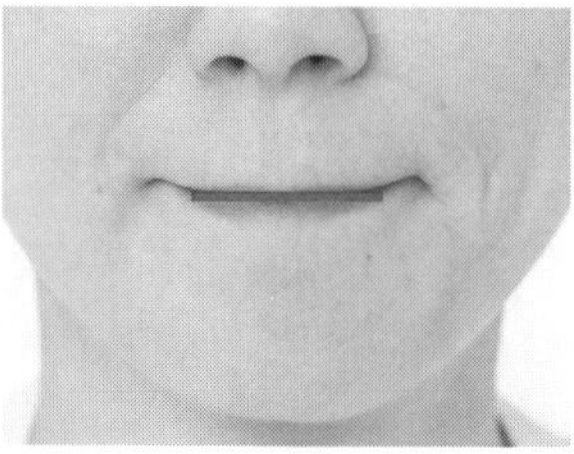

[iː]　▽

□ 口角を上げる
□ 下アゴを落とす
□ 口を指 2 本分縦に開ける

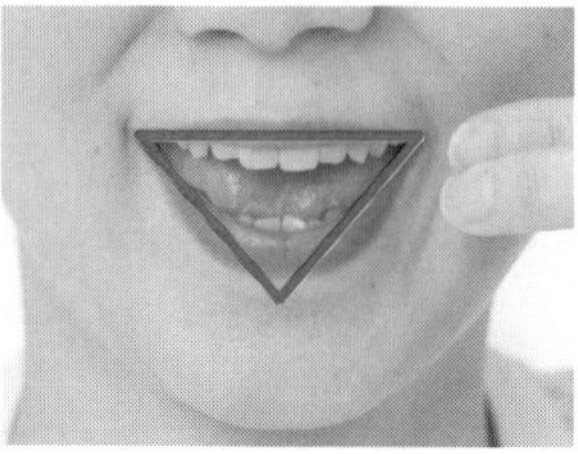

●英語舌

[b] 舌先 1 を下前歯の裏に軽く付けたまま、舌の真ん中 3 をくぼませます。
舌はスプーンのような状態です。口は閉じています。息をため込むようにして、唇の破裂で「ブッ」と発音します。

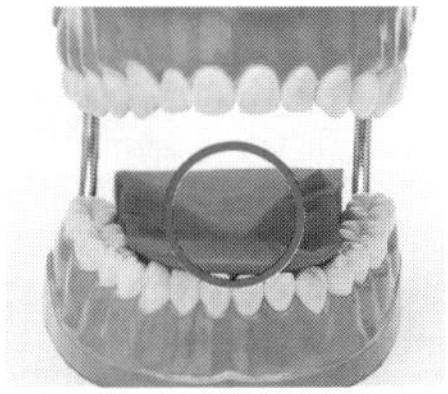

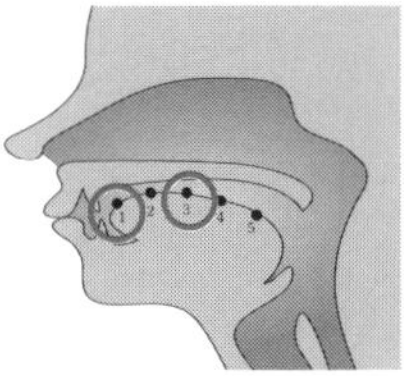

英語舌 O ポジション

[i:] 舌先 1 は下前歯の裏に付けます。舌の両脇 4 は上の歯に付いている状態です。アルファベット【E】の発音です。

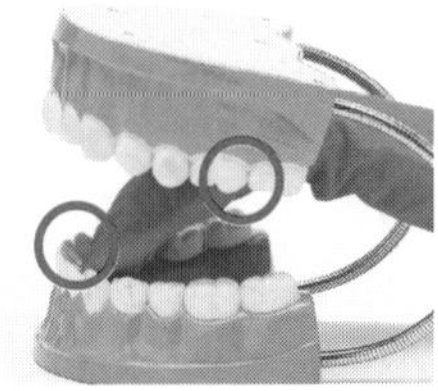

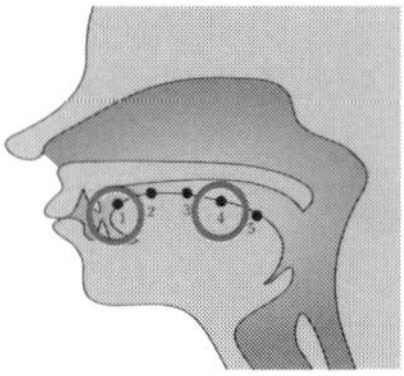

英語舌 E ポジション

●答え合わせ

つなげて発音してみましょう。
舌をスプーン状にしてから口を閉じて破裂音 [b]、すぐに▽三角にして舌の両脇を上の歯に付けてアルファベット【E】[i:]。口の前に手を置いて練習してみましょう。
手のひらに声が当たっていれば OK です。

https://youtu.be/KyYvwTNBSmU

アルファベット【B】の発音を含むよく使う英単語

□ be ある、いる　□ bee 蜂　□ beat 打つ、殴る
□ baby 赤ちゃん　□ beach 海岸　□ hobby 趣味

★もっと知りたい人は P126 へ

— ▽ P [pí:]

●発音記号　pí:

[p] の発音のあとに、アルファベット【E】[i:] と同じ発音をします。

●発音のポイント

アルファベット【B】と【P】は口の形も舌の動きも同じです。【B】と【P】はセットで覚えましょう。

【B】の [b] は「ブッ」という声がある有声音でしたが、この部分を [p]「プ」という、息だけで発音する無声音に置き換えるだけです。

●英語口　—　→　▽

一唇を丸め込んで息をためてから、息で唇の破裂音 [p] を発音してから、瞬時に口角を上げて▽三角で、【E】[i:] をハッキリと発音します。

[p]　—

- □ 唇を丸め込む
- □ 口を閉じる
- □ 歯を見せない

[i:]　▽

- □ 口角を上げる
- □ 下アゴを落とす
- □ 口を指 2 本分縦に開ける

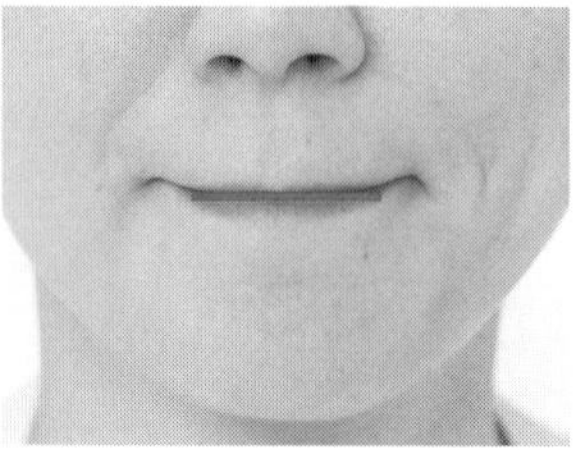

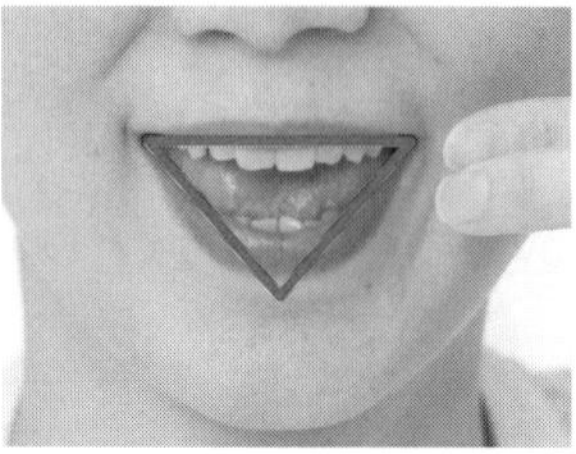

●英語舌

[p] 舌先 1 を下前歯の裏に軽く付けたまま、舌の真ん中 3 をくぼませます。舌はスプーンのような状態です。口は閉じていますので、息をため込むようにして、息で唇を破裂させて発音します。

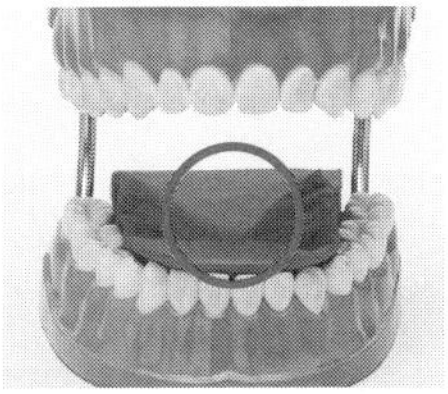
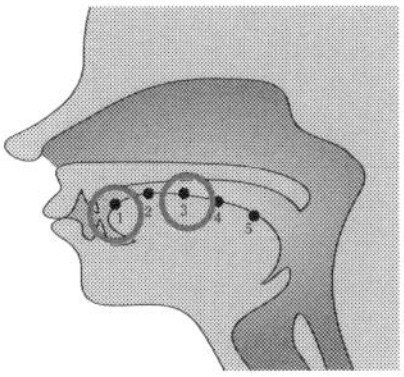

英語舌 O ポジション

[iː] 舌先 1 は下前歯の裏に付けます。
舌の両脇 4 は上の歯に付いている状態です。

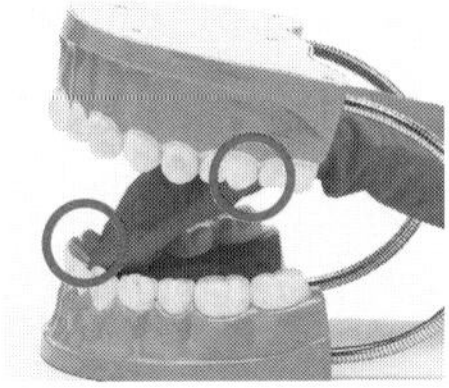
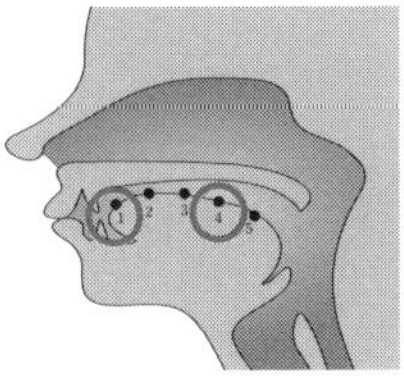

英語舌 E ポジション

●答え合わせ

つなげて発音してみましょう。
ー唇を内側に丸め込んで、口を閉じて [p]、▽三角にして舌の両脇を上の歯に付けてアルファベット【E】[iː]。
口の前に手を置いて練習してみましょう。手のひらに息が当たっていれば OK です。

https://youtu.be/Jy3CEbIHiAg

アルファベット【P】の発音を含むよく使う英単語

□ pea 豆　□ peel（皮などを）むく　□ people 人々
□ peach 桃　□ peace 平和　□ peanut ピーナッツ

★もっと知りたい人は P127 へ

S [és]

●発音記号　és

アルファベット【A】[éi] の発音 [e] のあとに、[s] を発音します。

●発音のポイント

【S】[és] の [e] は、【A】【N】【M】などのアルファベットにも含まれています。

[s] は、声は出さず息だけで発音する無声音です。歯の上下を付けて、歯の間から「スー」と空気を出します。

●英語口　▽　→　▦

口角を上げて▽三角の口形で「エッ」と発音したら、▦ 上下の歯を付けて「スー」と息を思いきり吐いてください。

[e]　▽

- □ 口角を上げる
- □ 下アゴを落とす
- □ 口を指 2 本分縦に開ける

[s]　▦

- □ 歯を見せる
- □ 上下の歯を付ける
- □ 口角を上げる

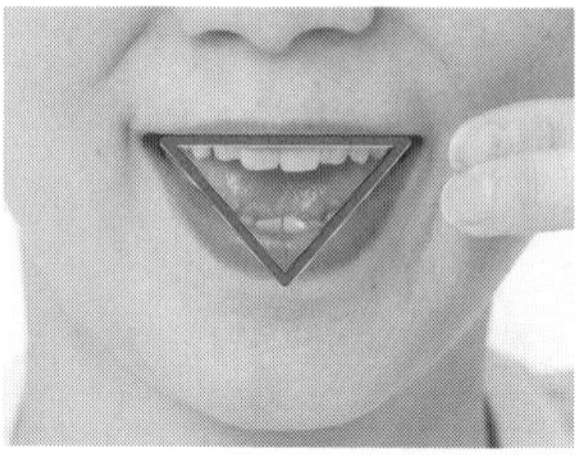

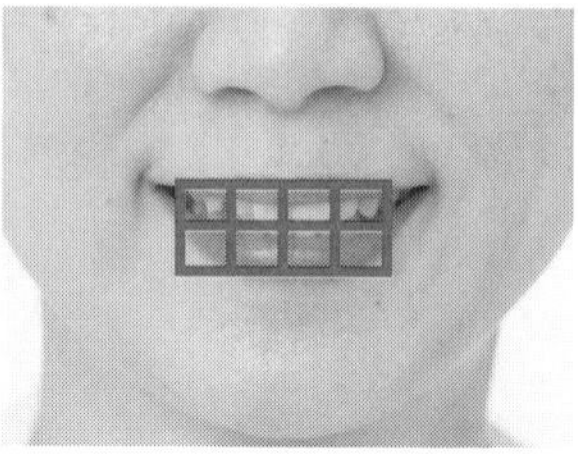

●英語舌

[e] 舌先 1 は下前歯の裏に付けます。
舌の両脇 4 は上の歯に付いている状態です。

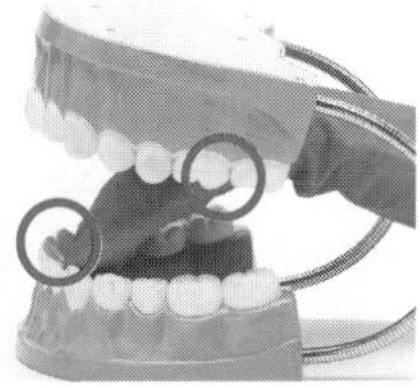

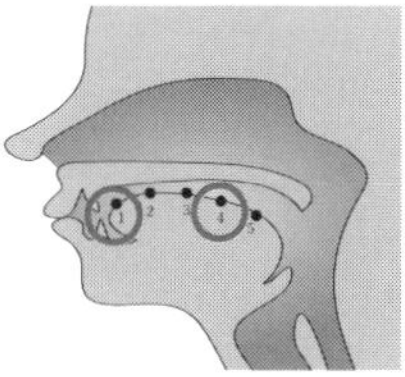

英語舌 E ポジション

[s] 舌先 1 を下前歯の裏に軽く付けたまま、舌の真ん中 3 をくぼませます。舌をスプーンのような状態にし、上下の歯を付けたまま、息を歯に当てるように「スー」と息だけで発音します。

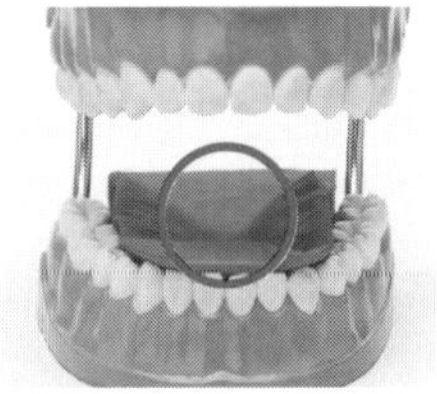

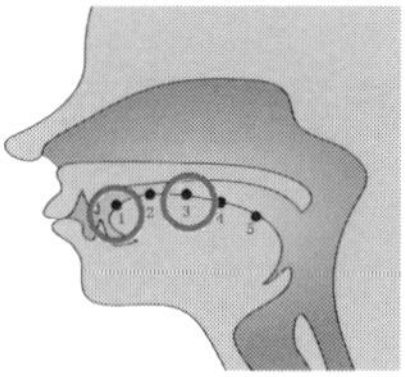

英語舌 O ポジション

●答え合わせ

つなげて発音してみましょう。
▽三角で舌先を下前歯の裏に付けて [e] をハッキリと発音後、すぐに上下の歯を付けて、「スー」と息をしっかりと流して [s] を発音しましょう。

https://youtu.be/8TNo9muKGYw

アルファベット【S】の発音を含むよく使う英単語

☐ less より少ない　☐ mess 混乱　☐ best 最良の
☐ guest 客　☐ test 試験　☐ west 西

★もっと知りたい人は P127 へ

X [éks]

●発音記号　éks

アルファベット【S】の [e] と [s] の間に [k] の発音が入ります。これは、アルファベット【K】のときに練習した [k] と同じです。

●発音のポイント

初めての発音はありません。最初の [e] は、【A】【N】【M】【S】など他のアルファベットでもおなじみの [e]「エッ」。真ん中の [k] は強くけり出すように息だけで「クッ」、最後の [s] は、閉じた歯の間から「スー」と空気を出すようなイメージです。

●英語口　▽　→　田田

口角を上げて▽三角の口形で「エッ」と発音したら、そのまま▽三角をキープして「クッ」、さらに上下の歯を付けて「スー」と息を思いきり吐きます。

[e][k]　▽

- ☐ 口角を上げる
- ☐ 下アゴを落とす
- ☐ 口を指 2 本分縦に開ける

[s]　田田

- ☐ 歯を見せる
- ☐ 上下の歯を付ける
- ☐ 口角を上げる

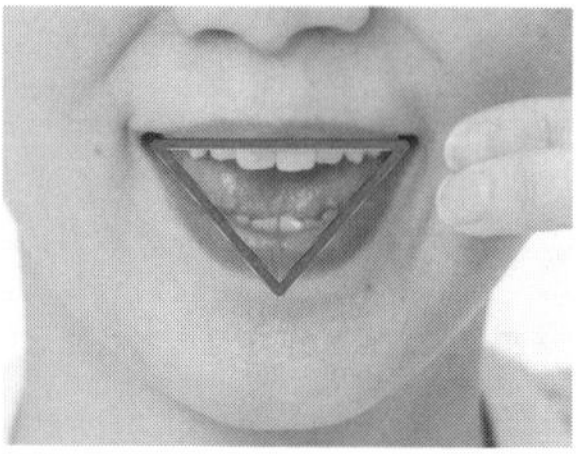

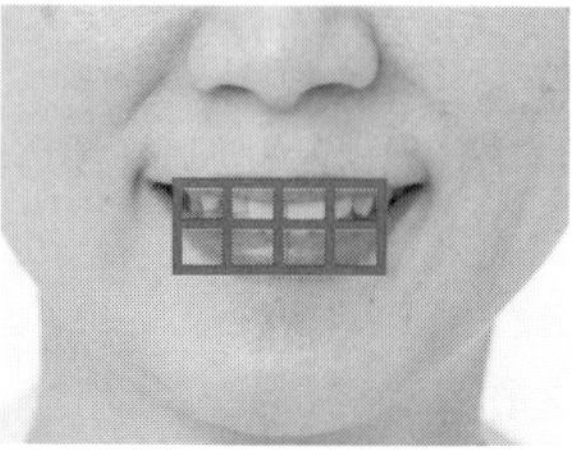

●英語舌

[e] 舌先 1 は下前歯の裏に付けます。舌の両脇 4 は上の歯に付いている状態です。

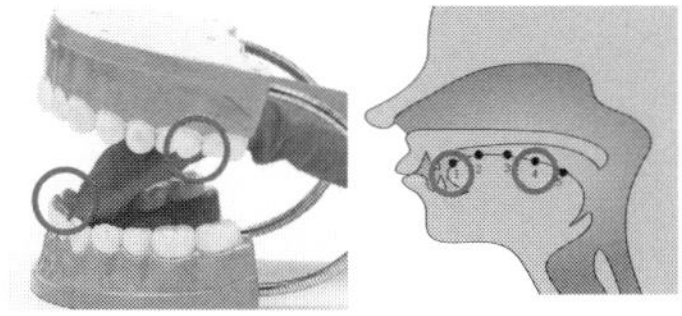

英語舌 E ポジション

[k] 舌先 1 は下前歯の裏に付けたまま舌の奥 5 は上に付けて、「クッ」と息だけで発音します。
口の前に手を置いて、手に息が当たる感覚があれば OK です。

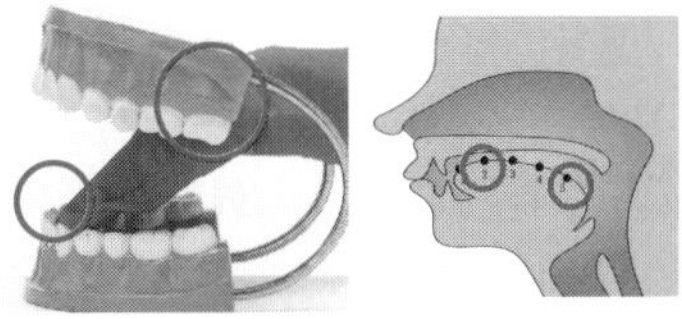

英語舌 K ポジション

[s] 舌先 1 を下前歯の裏に軽く付けたまま、舌の真ん中 3 をくぼませます。舌をスプーンのような状態にしたまま、上下の歯を付けます。歯の間から息を出すようにして、発音します。

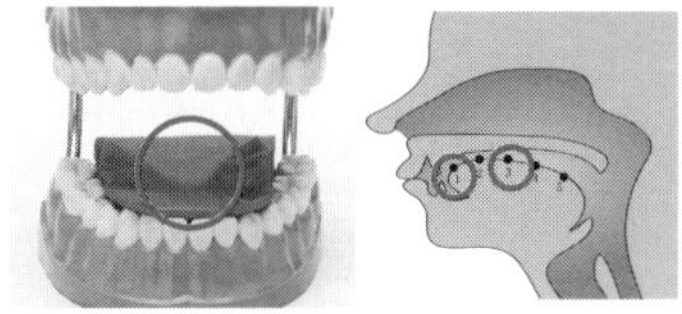

英語舌 O ポジション

●答え合わせ

つなげて発音してみましょう。
[e] をハッキリと発音後、▽三角の口形をキープしたまま、[k]「クッ」、歯の上下を付けて「スー」と息をしっかりと流して [s] を発音します。

https://youtu.be/SdXkSNVlpFE

アルファベット【X】の発音を含むよく使う英単語

☐ ex 前の、もとの　☐ text 文字　☐ next 次の

☐ flex 曲げる　☐ excuse 許す　☐ export 輸出する

★もっと知りたい人は P127 へ

C [sí:]

●発音記号　sí:

[s] の発音のあとに、アルファベット【E】[i:] を発音します。

●発音のポイント

[s] は、アルファベット【S】と【X】に含まれる発音です。声は出さずに「スー」と息だけで発音する無声音です。上下の歯を付けて、歯の間から「スー」と空気を出すようなイメージです。

[i:] はアルファベット【E】の発音です。

●英語口　→　▽

口角を上げたまま、上下の歯を付けて「スー」と息を吐いて、下アゴを思い切りけり落とすイメージで「イー」と発音してください。

[s]

- □ 歯を見せる
- □ 上下の歯を付ける
- □ 口角を上げる

[i:] ▽

- □ 口角を上げる
- □ 下アゴを落とす
- □ 口を指 2 本分縦に開ける

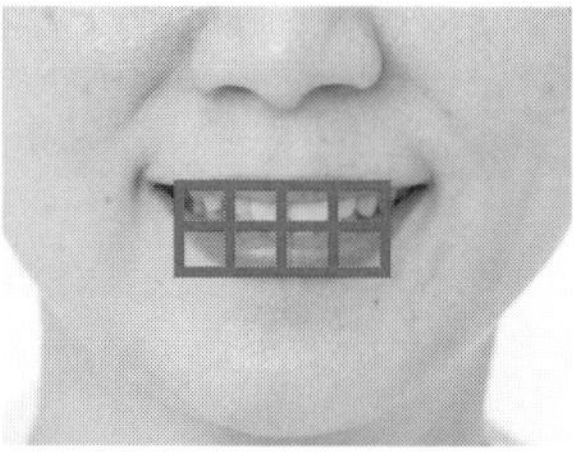

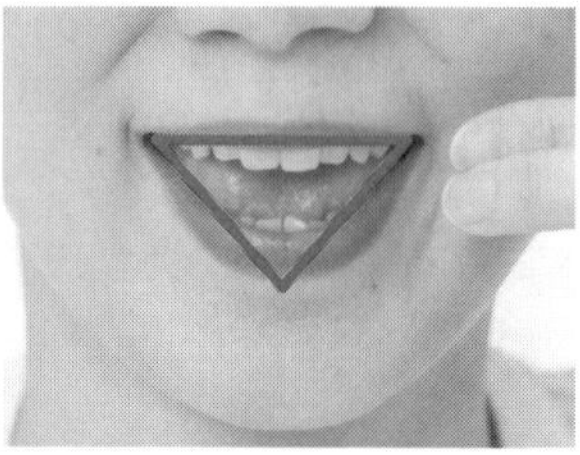

●英語舌

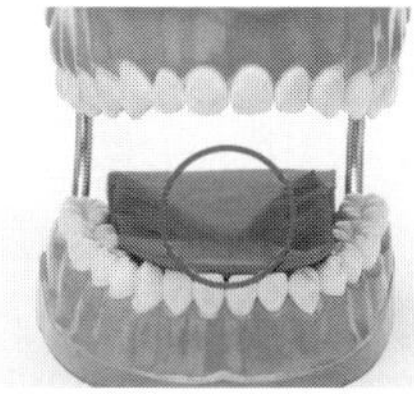

英語舌 O ポジション

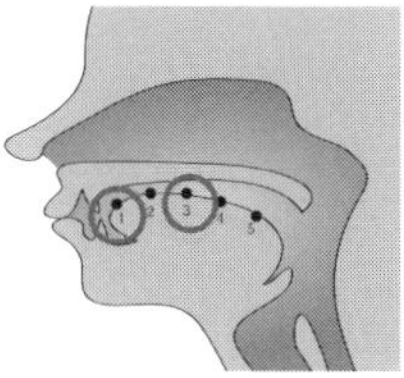

[s] 舌先 1 を下前歯の裏に軽く付けたまま、舌の真ん中 3 をくぼませます。舌をスプーンのような状態にしたまま、上下の歯を付けます。歯の間から「スー」と息を出すようにして、発音します。

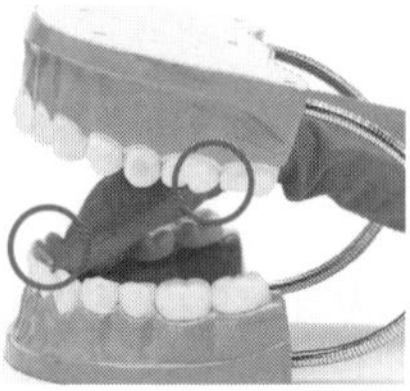

英語舌 E ポジション

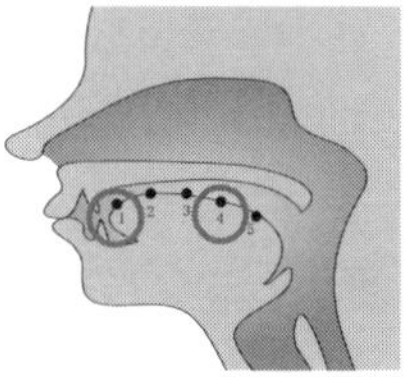

[iː] 舌先 1 は下前歯の裏に付けます。
舌の両脇 4 は上の歯に付いている状態です。

●答え合わせ

つなげて発音してみましょう。
歯の上下を付けて、口角を上げたまま、田田田 歯の間から空気を出して [s]、口角を上げたまま、下アゴをけり落として▽三角を作ります。舌先を舌前歯の裏に付けたままアルファベット【E】
[iː] をハッキリと発音します。

https://youtu.be/gaKP3MTM45Y

アルファベット【C】の発音を含むよく使う英単語

☐ sea 海　☐ see 見る　☐ seat 席

☐ seed 種　☐ secret 秘密　☐ taxi タクシー

★もっと知りたい人は P126 へ

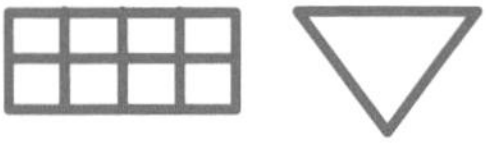

Z [zíː]

●発音記号　zíː

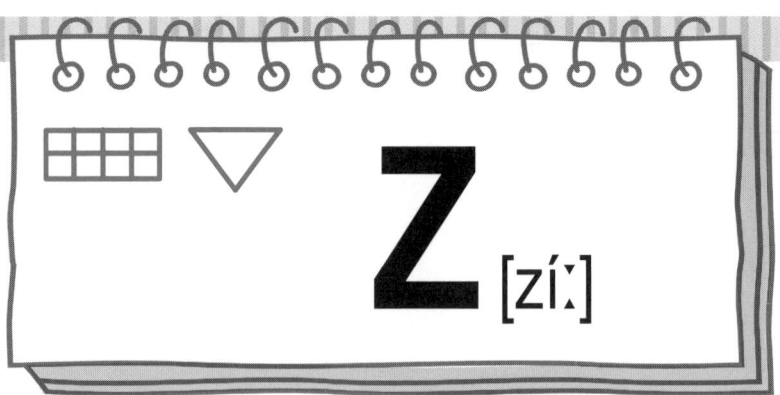

アルファベット【C】[síː] の [s] を [z] に変えるだけです。アルファベット【E】[iː] の発音が含まれています。

●発音のポイント

【Z】は【C】と口の形も舌の形も同じです。【C】[síː] の [s] は息だけで発音する無声音だったのに対し、【Z】は声を出して発音する有声音になります。【C】とセットで練習しましょう。

●英語口　→　▽

上下の歯を付けたまま声を出すと、「ズー」という携帯のバイブ音のような音が出ます。歯に振動を感じていれば OK です。口角を上げたまま下アゴを思い切りけり落とすイメージで「イー」と発音してください。

[z]

- □ 歯を見せる
- □ 上下の歯を付ける
- □ 口角を上げる

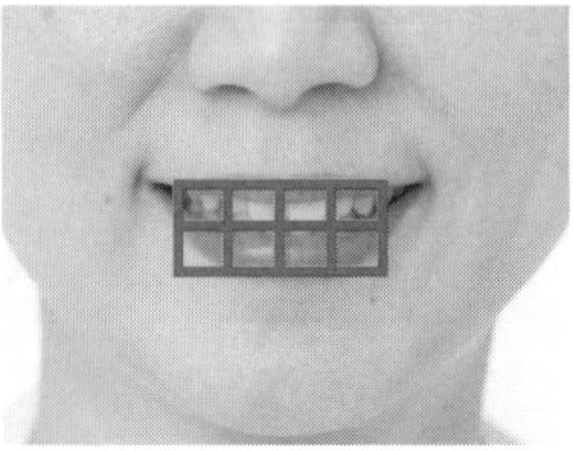

[iː] ▽

- □ 口角を上げる
- □ 下アゴを落とす
- □ 口を指 2 本分縦に開ける

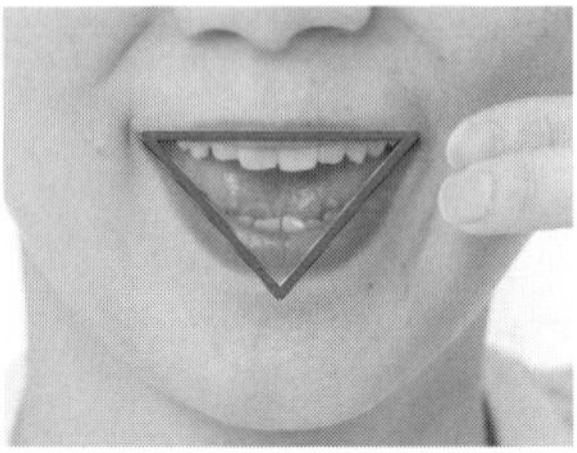

●英語舌

[z] 舌先１を下前歯の裏に軽く付けたまま、舌の真ん中３をくぼませます。舌をスプーンのような状態にしたまま、上下の歯を付けます。歯を閉じたまま「ズー」と声を出します。歯の振動を感じれば OK です。

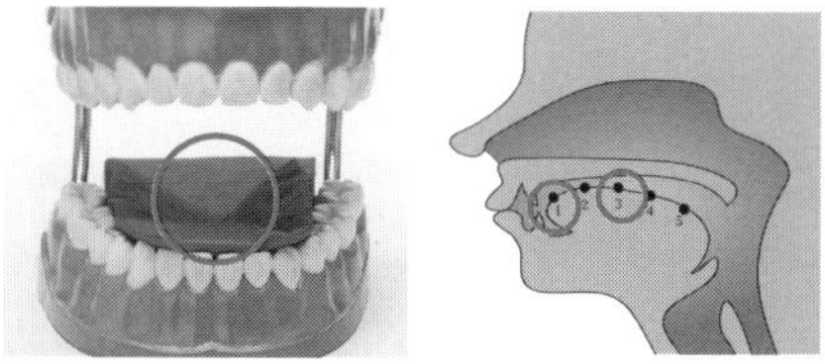

英語舌 O ポジション

[i:] 舌先１は下前歯の裏に付けます。舌の両脇４は上の歯に付いた状態です。

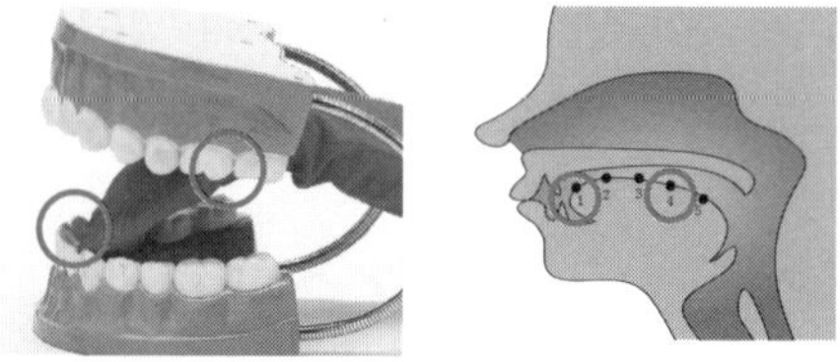

英語舌 E ポジション

●答え合わせ

つなげて発音してみましょう。

田田田 歯の上下を付けたまま声を出して [z]、口角を上げたまま、下アゴをけり落として▽三角を作ります。舌先を舌前歯の裏に付けたままアルファベット【E】[i:] をハッキリと発音しましょう。

[z] のバイブレーションは３秒キープする練習をしましょう。バイブレーションできたら、勢いよく下アゴを落として【E】[i:] を発音します。

https://youtu.be/WSF8VGp_hZA

アルファベット【Z】の発音を含むよく使う英単語

□ easy やさしい　□ busy 忙しい　□ zero ゼロ

□ crazy 夢中な　□ fuzzy 曖昧な　□ zebra シマウマ

★もっと知りたい人は P127 へ

▽ F [éf]

●発音記号　éf

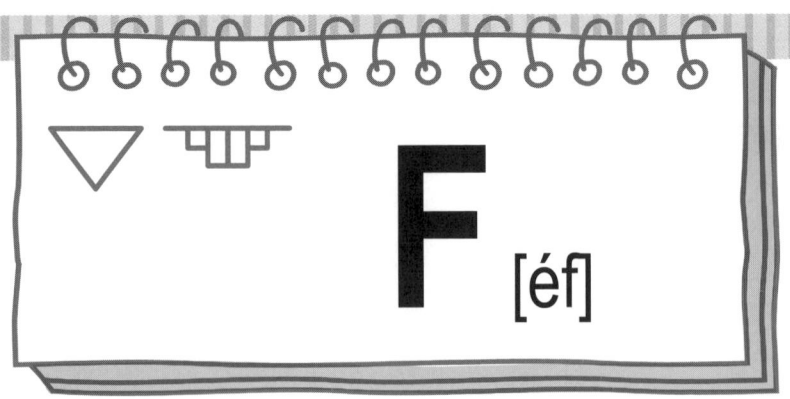

[e] の発音は、アルファベット【A】[éi] にも含まれています。[e] のあとに [f] を発音します。

●発音のポイント

[e] は、【A】【F】【K】【L】【M】【N】【S】【X】に含まれている発音です。アクセントは [e] にあるので強めに発音しましょう。

[f] は、息だけで発音する無声音です。上の前歯で下唇を軽く噛んだまま、「フー」と息を吐きます。長めに息を出すことで、発音が安定します。

●英語口　▽　→

口角を上げて▽三角の口形で「エッ」と発音したら、上下の歯を付けて「スー」と息を思いきり吐いてください。

[e]　▽

- □ 口角を上げる
- □ 下アゴを落とす
- □ 口を指 2 本分縦に開ける

[f]

- □ 口角を上げる
- □ 下唇を軽く噛む
- □ 上の歯だけ見せる

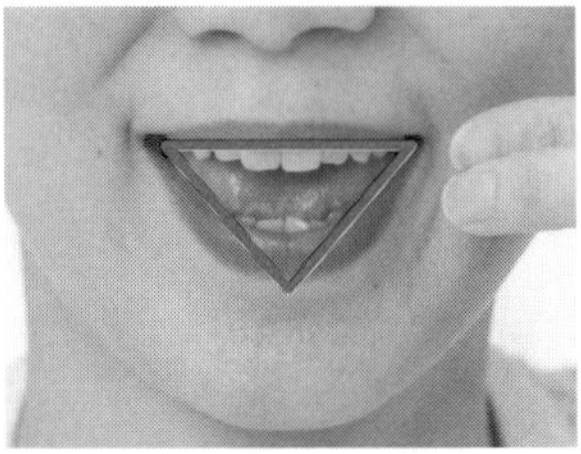

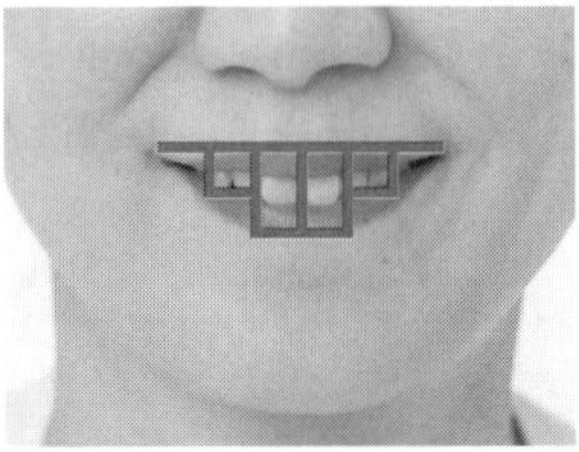

●英語舌

[e] 舌先 1 は下前歯の裏に付けます。
舌の両脇 4 は上の歯に付いている状態です。

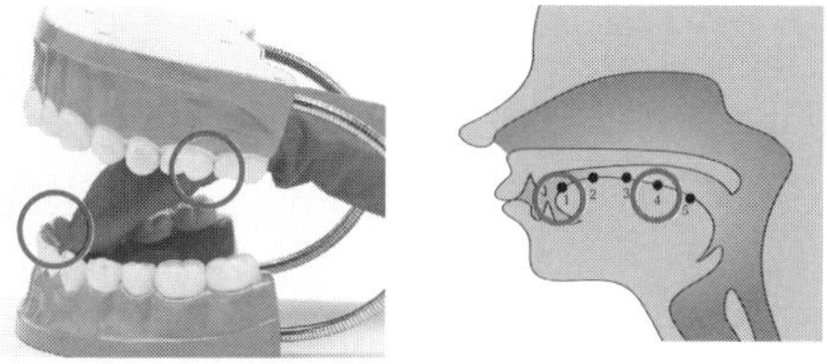

英語舌 E ポジション

[f] 舌先 1 を下前歯の裏に軽く付けたまま、舌の真ん中 3 をくぼませます。
舌をスプーンのような状態にキープしたまま、上の歯で下唇を噛んで「フー」と息を吐きます。

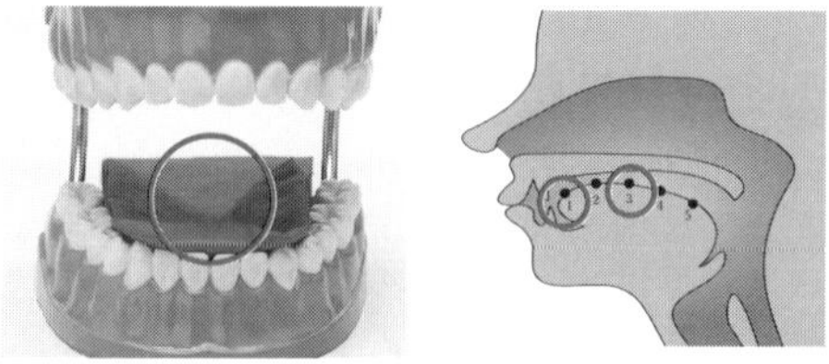

英語舌 O ポジション

●答え合わせ

つなげて発音してみましょう。
▽三角の口形で舌先を下前歯の裏に付けて [e] をハッキリと発音後、すぐに上の前歯で下唇を噛んで、「フー」と息を吐いて [f] を発音しましょう。[f] は長めに息を出して練習しましょう。

https://youtu.be/3ivRnt9SfD4

アルファベット【F】の発音を含むよく使う英単語

□ effect 効果　□ effort 努力　□ Jeff ジェフ（人の名前）
□ left 左　□ hefty 重い　□ cleft 割れ目

★もっと知りたい人は P126 へ

V [ví:]

●発音記号　ví:

[v] の発音のあとに、アルファベット【E】と同じ [i:] を発音します。

●発音のポイント

[v] の発音は、アルファベット【F】[éf] の [f] と同じ口の形です。「ヴー」と声が出る有声音です。「ヴー」を長めに出してからアルファベット【E】[i:]「イー」を発音すると、発音がはっきり伝わります。

●英語口　→

口角は最初から最後まで上げたままです。上の前歯で下唇を噛んだまま「ヴー」と声を出してください。携帯のバイブ音のような音が出ます。歯と唇が、くすぐったくなったら OK です。アルファベット【E】[i:] は、下アゴを思い切りけり落とすイメージで「イー」と発音してください。

[v]

- □ 口角を上げる
- □ 下唇を軽く噛む
- □ 上の歯だけ見せる

[i:]

- □ 口角を上げる
- □ 下アゴを落とす
- □ 口を指 2 本分縦に開ける

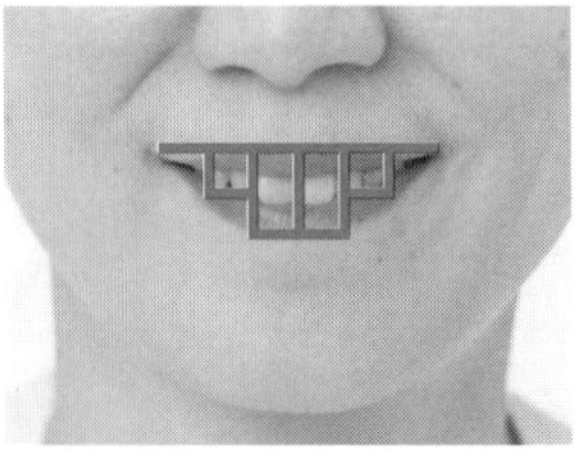

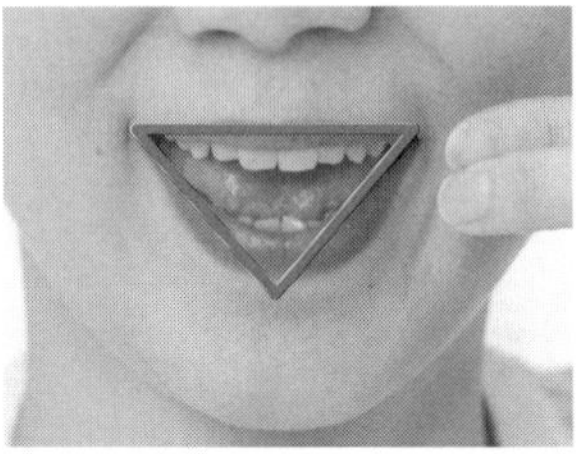

●英語舌

[v] 舌先 1 を下前歯の裏に軽く付けたまま、舌の真ん中 3 をくぼませます。
舌をスプーンのような状態にしたまま、上の前歯で下唇を噛んで、「ヴー」と発音します。

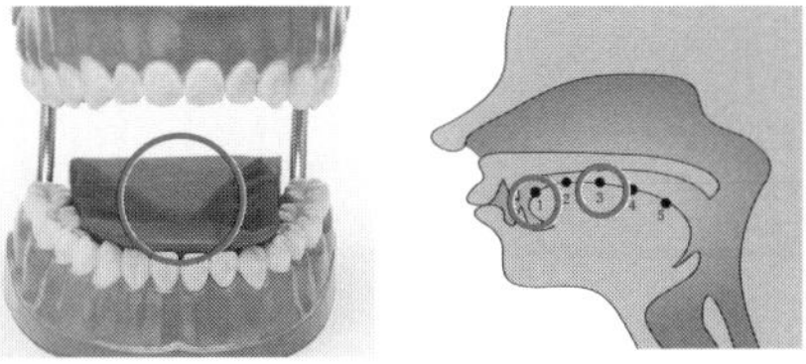
英語舌 O ポジション

[i:] 歯の舌先 1 は下前歯の裏に付けます。
舌の両脇 4 は上の歯に付いている状態です。

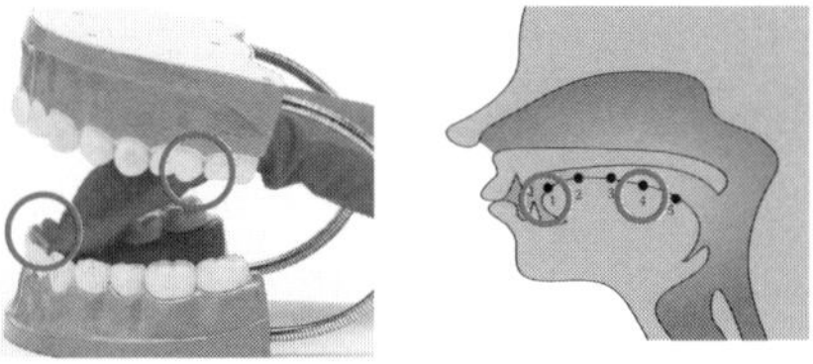
英語舌 E ポジション

●答え合わせ

つなげて発音してみましょう。
上の前歯で下唇を噛んだまま「ヴー」と声を出して [v]、口角を上げたまま下アゴをけり落として▽三角を作り、舌先を舌前歯の裏に付けたままアルファベット【E】[i:] をハッキリと発音します。
[v] の発音は 3 秒間のばす練習をしましょう。歯と唇がバイブレーションしたら、勢いよく下アゴを落として【E】[i:] を発音します。

https://youtu.be/6WEtNlXYdqc

アルファベット【V】の発音を含むよく使う英単語

□ navy 海軍　□ heavy 重い　□ movie 映画

□ TV テレビ　□ vegan 菜食主義　□ curvy 曲がりくねった

★もっと知りたい人は P127 へ

step 3

英語口　Mouth Shapes

○　①　②　丸

ここでは、○丸い口形を練習します。丸い口形は３種類あります。それぞれ口の開け方、力の入れ方が異なります。

英語口　○口笛

鏡を見てやってみましょう

３つのポイントを確認しながら、鏡の前で口形を作ってみましょう。

口笛を
吹くときの
イメージ
口をつまようじ
１本分
開ける
唇を前に
突き出す

英語口 ①リラックス

鏡を見てやってみましょう

３つのポイントを確認しながら、鏡の前で口形を作ってみましょう。

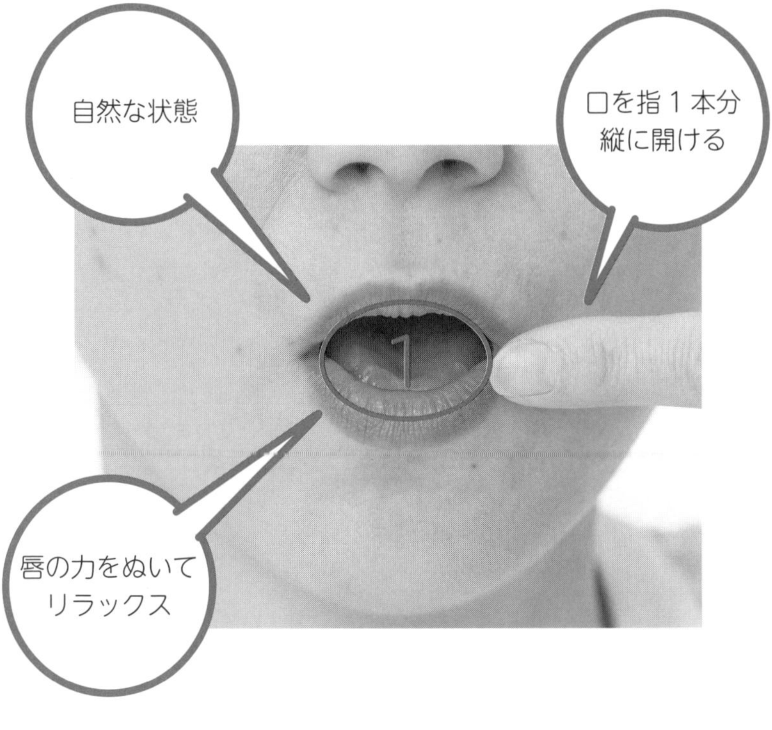
自然な状態
口を指１本分
縦に開ける
唇の力をぬいて
リラックス
1

英語口 ②あくび

鏡を見てやってみましょう

3つのポイントに注意して、鏡の前でこの形を作ってみましょう。

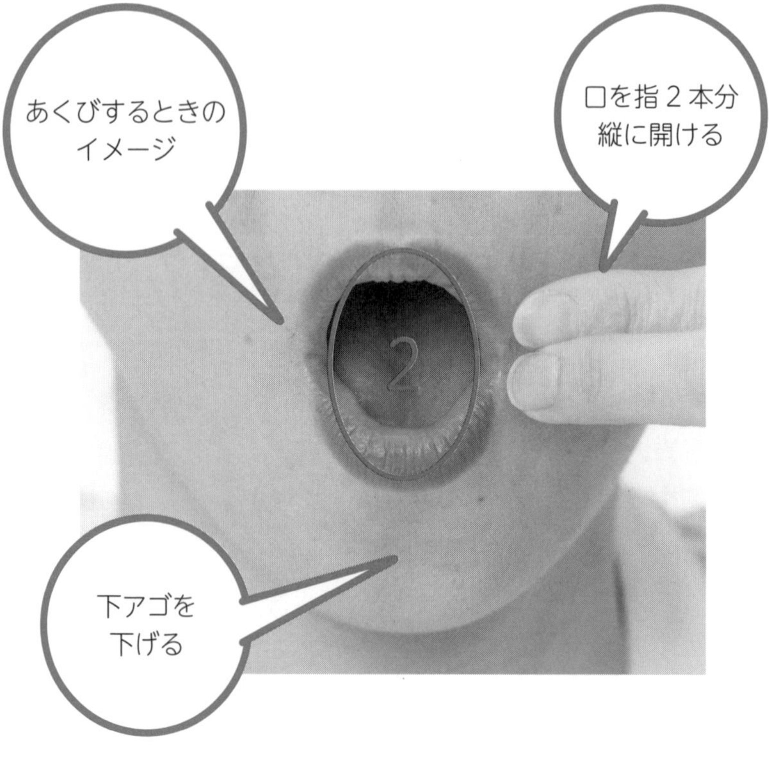
あくびするときの
イメージ
口を指２本分
縦に開ける
2
下アゴを
下げる

英語口 ○①②丸で発音するアルファベット

step1 で練習した▽三角の英語口を組み合わせることでアルファベット【O】【I】【Y】が発音できます。

下の図は、step3 の全体像です。ここで習得するアルファベットは 3 個だけですが、実際に会話するときに、たくさん出てくる発音です。くり返し練習して、応用できるようにしましょう。

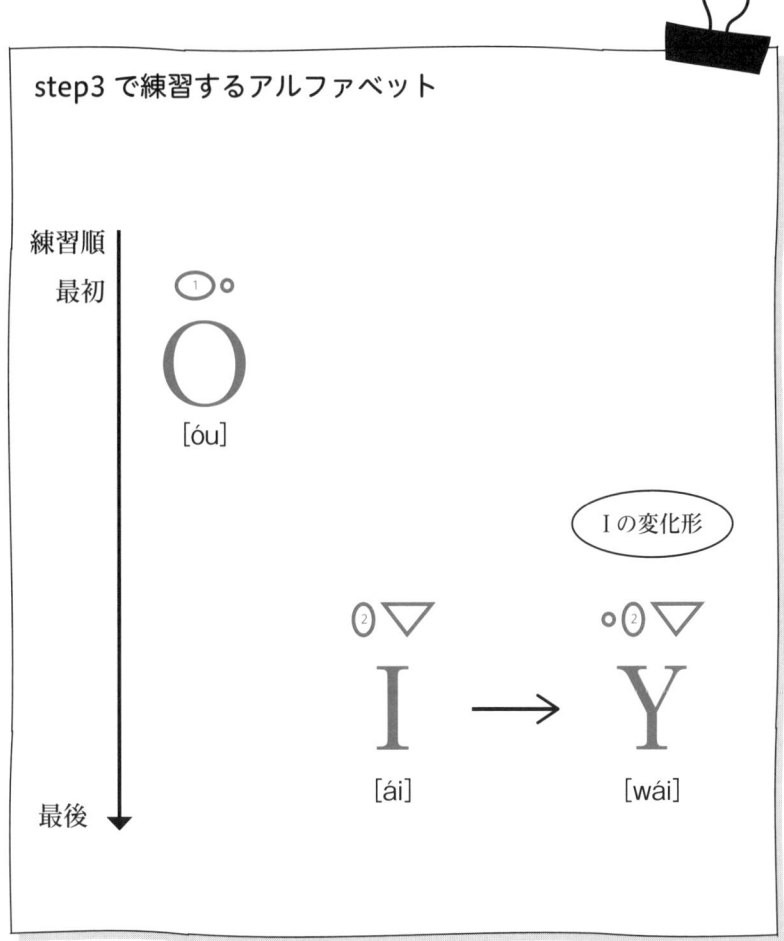

step3 で練習するアルファベット

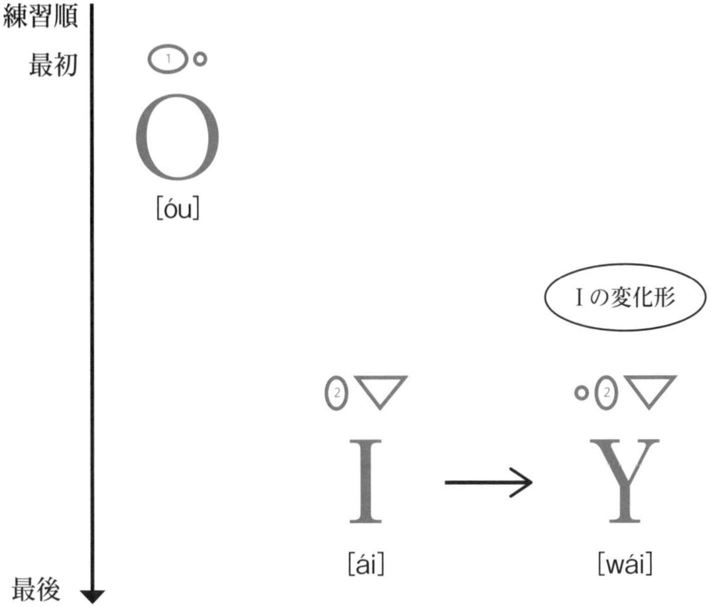

① ○

O [óu]

●発音記号　óu

[o] の発音のあとに、[u] の発音をします。[o] も [u] も今回初めて学ぶ発音です。2 音とも ① ○ 丸い口形で発音します。

●発音のポイント

[o] も [u] も母音です。2 つ母音が重なるため「二重母音」と呼ばれます。口形をしっかり変化させると、音の輪郭をはっきり発音できます。

●英語口　①　→　○

[o] は、指 1 本分口を縦に開けて、低めの声で「オ」と発音しましょう。口を開けて、どこにも力が入らないリラックス状態。

[u] は、口笛を吹く感じで、つまようじ 1 本分の穴を作ります。口を前に突き出したまま、濁点が付くイメージで「ヴ」と発音します。

[o] ①

- □ 自然な状態
- □ リラックス
- □ 口を指 1 本分縦に開ける

[u] ○

- □ 口笛を吹く感じ
- □ 口を前に突き出す
- □ 口をつまようじ 1 本分開ける

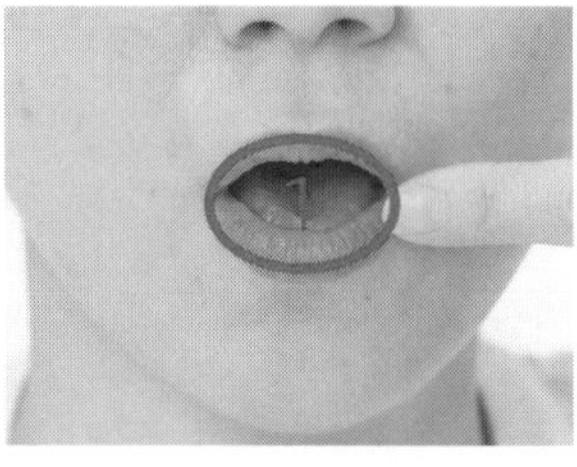

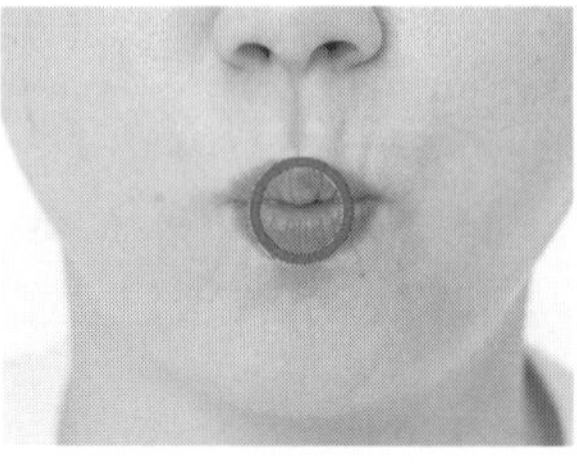

●英語舌

[óu] 舌先１を下前歯の裏に軽く付けたまま、舌の真ん中３をくぼませます。舌をスプーンのような状態にしたまま、唇の力をぬいて、低めの声で「オ」と発音します。

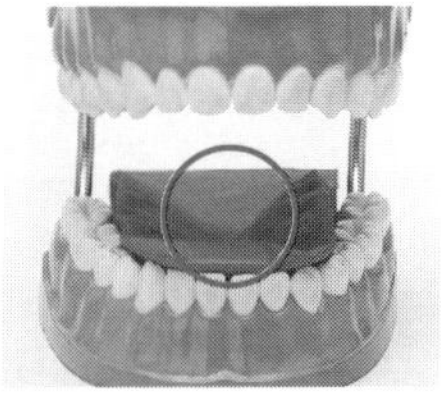

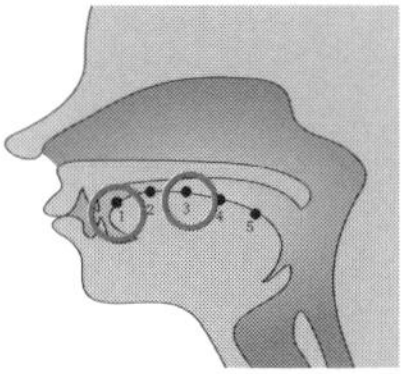

英語舌 O ポジション

舌の真ん中３をくぼませたまま唇だけを前へ突き出して、「ヴ」と発音します。

●答え合わせ

つなげて発音してみましょう。

[o] を発音したまま、口笛の唇に近づけていきましょう。声を中心にまとめていくような発音です

[u] は、口が狭い状態ですので、声が唇にあたって、振動すれば OK です。

https://youtu.be/Y6MyH6TwU0o

アルファベット【O】の発音を含むよく使う英単語

☐ Oh! おやまあ　☐ go 行く　☐ low 低い

☐ note メモ　☐ snow 雪　☐ blow（風が）吹く

★もっと知りたい人は P127 へ

② ▽ I [ái]

●発音記号　ái

[a] を発音後に、[i] の発音をします。[a] は今回初めて学ぶ発音です。[i] はアルファベット【E】[i:] と口の形も舌の形も同じです。[i:] のように長くのばさず、短く発音します。

●発音のポイント

[a] も [i] も母音です。２つの母音が重なるため、「二重母音」です。
[a] は口を縦に大きく開けてあくびのような深めの声で発音します。「アー」と長めに発音練習しましょう。

●英語口　②　→　▽

[a] も [i] も指２本分、口を縦に開けましょう。短く発音する音ですが、長めに練習してみてください。口形も発音も安定します。

[a]　②

- □ あくびする感じ
- □ 下アゴを下げる
- □ 口を指２本分縦に開ける

[i]　▽

- □ 口角を上げる
- □ 下アゴを落とす
- □ 口を指２本分縦に開ける

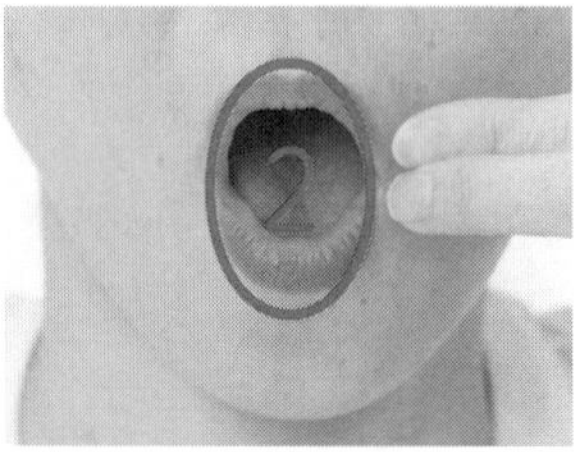

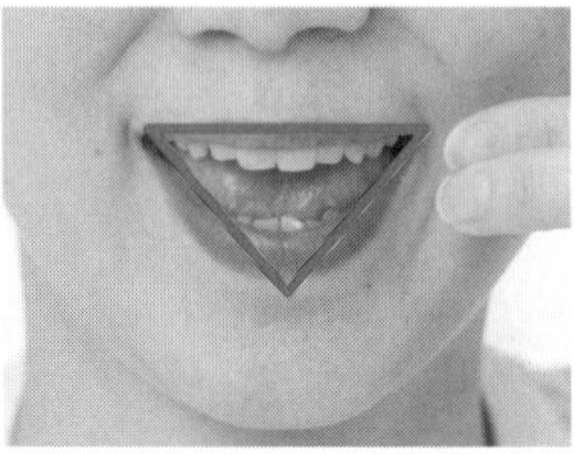

●英語舌

[a] 舌先 1 を下前歯の裏に軽く付けたまま、舌の真ん中 3 をくぼませます。舌をスプーンのような状態にしたまま、下アゴを下げて、口を縦に開いたまま深めに [a]「ア」と発音します。

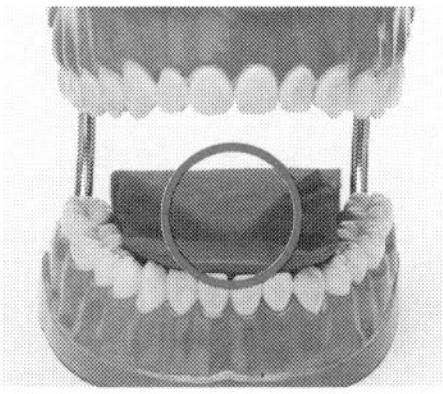

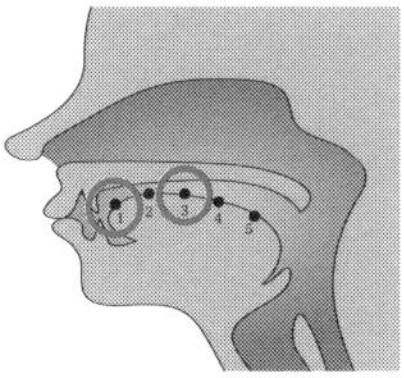

英語舌 O ポジション

[i] 舌先 1 は下前歯の裏に付けます。
舌の両脇 4 は上の歯に付いている状態で、口角を上げて、「イ」と発音します。

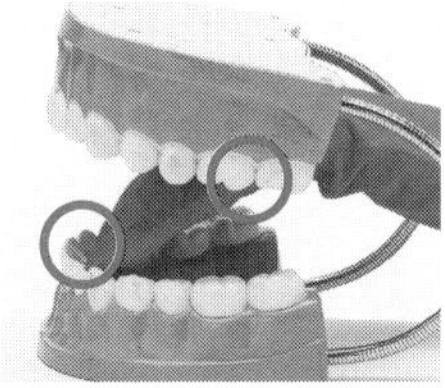

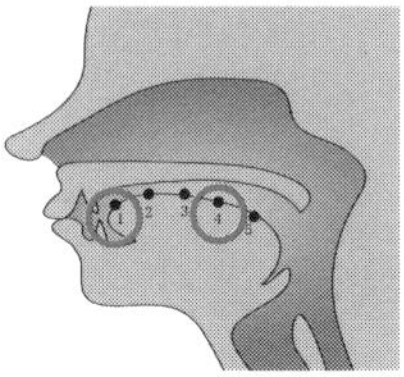

英語舌 E ポジション

●答え合わせ

つなげて発音してみましょう。
[a] を発音している間に、口角だけをゆっくり上げて、口角の位置が定位置についたら、[i] を発音します。
最初は、「アーィ」と長めに発音練習しましょう。

https://youtu.be/dPBXTq8eMTQ

アルファベット【I】の発音を含むよく使う英単語

□ eye 目　□ ice 氷　□ like 好む

□ buy 買う　□ supply 供給する　□ science 科学

★もっと知りたい人は P126 へ

○ ② ▽

Y [wái]

●発音記号　wái

[w] を発音後に、アルファベット【I】[ái] を発音します。【I】とセットで発音練習しましょう。

●発音のポイント

アルファベット【I】[ái] の発音の前に [w] を付けるだけです。

[w][a][i] は 3 つの口の形を使います。最初は 1 個ずつゆっくりと練習しましょう。マスターできたらつなげて練習して、だんだん速度をあげて、瞬時に口形を変えられるようにしましょう。

口形をきちんと変えて、丁寧に音をつなげることで、発音の輪郭がはっきりと安定します。

Y の中に隠れている
アルファベットは
何でしょう？

●英語口 [w] ○ → ② → ▽

口笛を吹くような口形で、つまようじ１本分の穴ができます。口形をキープしたまま、風船を膨らませるときのように「ヴー」と声を出してみましょう。両頬が膨らんで唇の振動音を感じれば OK です！

[w] ○

チェックポイント

- □ 口笛を吹く感じ
- □ 口を前に突き出す
- □ 口をつまようじ１本分開ける

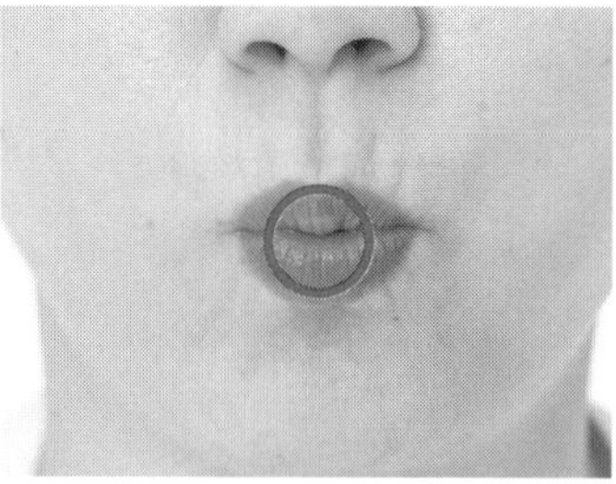

[a][i] は両方とも指２本分、縦に口を開けます。口を縦に開けてあくびをするような感じで、「アー」、次に、口角をしっかり上げて下アゴを落として、「イ」と深めの声で発音しましょう。

[a] ②

チェックポイント

- □ あくびする感じ
- □ 下アゴを下げる
- □ 口を指２本分縦に開ける

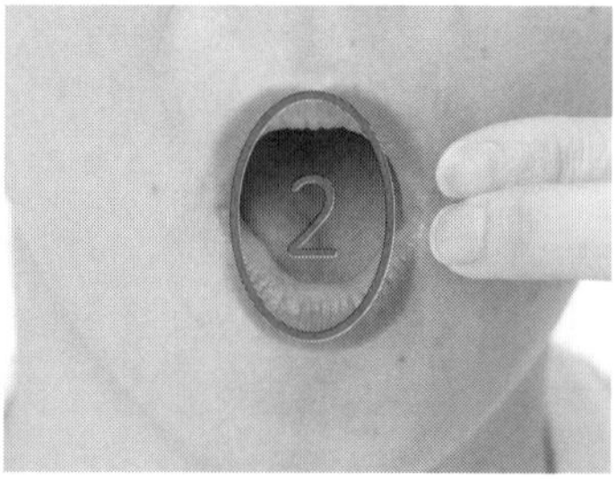

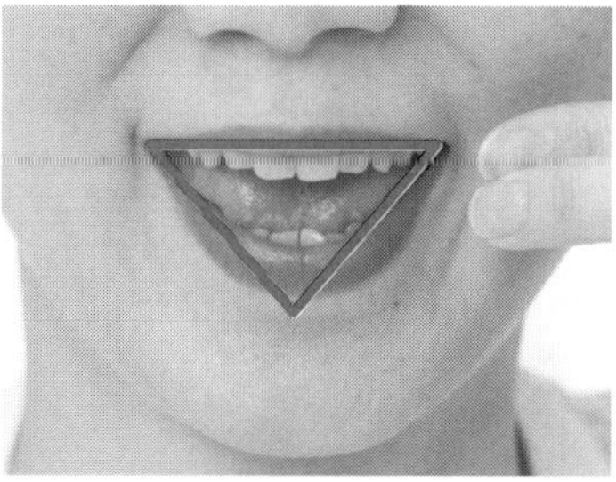

[i] ▽

チェックポイント

- □ 口角を上げる
- □ 下アゴを落とす
- □ 口を指２本分縦に開ける

●英語舌

[wá] 舌先1を下前歯の裏に軽く付けたまま、舌の真ん中3をくぼませます。舌をスプーンのような状態にしたまま、「ヴ」と発音します。

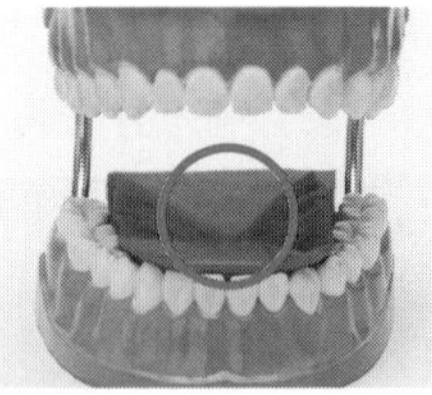
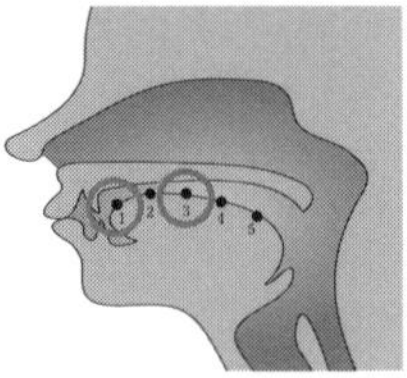

英語舌 O ポジション

舌をスプーンのような状態にしたまま、アゴを下げて、口を縦に開いて「ア」と発音します。

[i] 舌先1は下前歯の裏に付けます。舌の両脇4は上の歯に付いている状態で、口角を上げて、「イ」と発音します。

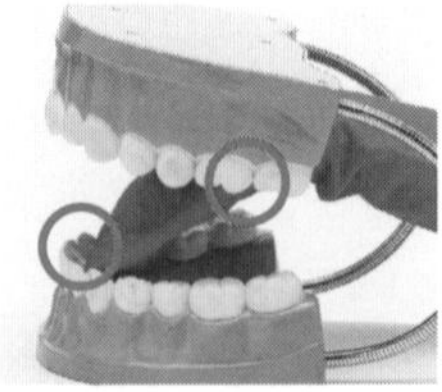
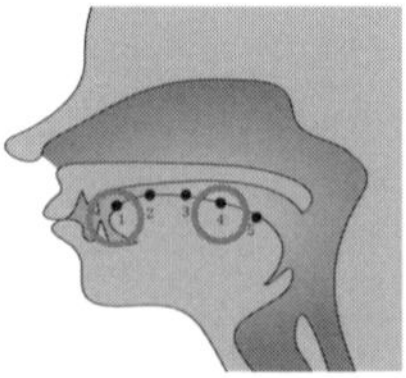

英語舌 E ポジション

●答え合わせ

つなげて発音してみましょう。

[w] と口を突き出して発音したら、あくびをするように口を縦に広げて [a] と発音し、口角をゆっくり上げて定位置に付いたら、[i] を発音します。最初は、「ヴーアーイ」と長めに音を出して練習し、慣れてきたら、「ヴアイ」と短く発音できるようにしましょう。

https://youtu.be/IJ5AsSY4oLE

アルファベット【Y】の発音を含むよく使う英単語

□ why なぜ　□ wide 広い　□ wipe 拭く

□ while ～の間　□ quiet 静か　□ wife 妻

★もっと知りたい人は P127 へ

step 4

英語口　Mouth Shapes

田 ▯ 四角

　このステップでは、四角い口形を２個練習します。これで、９個すべての英語口が完成します。四角い口形は唇をしっかりと前に突き出すことが大切です。口形が安定すると発音が安定します。

英語口　田 噛む

鏡を見てやってみましょう

　３つのポイントを確認しながら、鏡の前で口形を作ってみましょう。

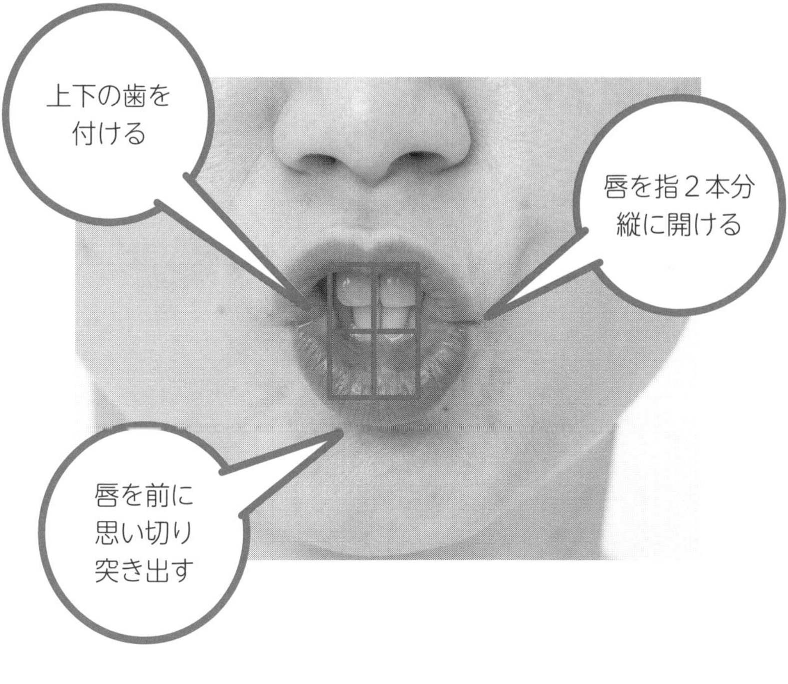
上下の歯を付ける
唇を指２本分縦に開ける
唇を前に思い切り突き出す

英語口 □噛まない

鏡を見てやってみましょう

3つのポイントに確認しながら、鏡の前で口形を作ってみましょう。人差指を軽く噛むと、指１本分の空間ができます。

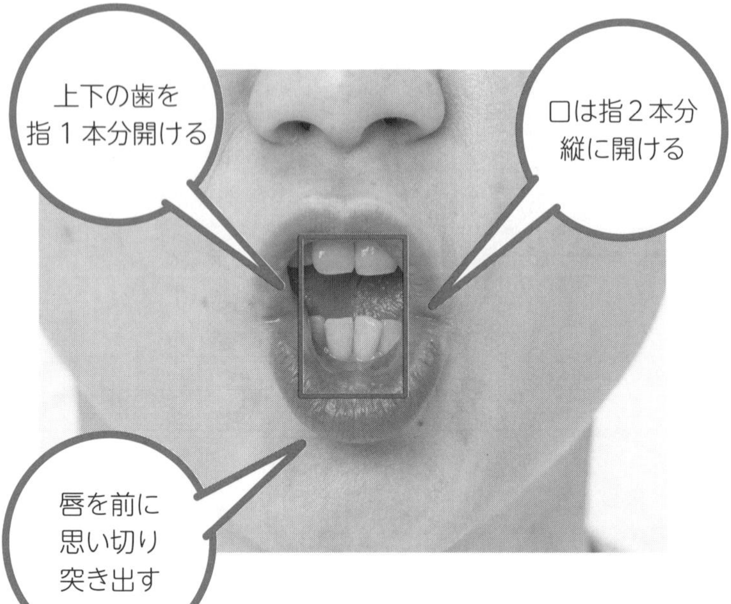
上下の歯を
指１本分開ける
口は指２本分
縦に開ける
唇を前に
思い切り
突き出す

英語口　田 □ 四角で発音するアルファベット

今まで練習してきた口形と、四角い口形を組み合わせると、新たに5個のアルファベットを作れます。新しく習うアルファベットの中には、すでに学んだ他のアルファベットが所々に隠れていますので、探しながら練習しましょう。

sstep4 で練習するアルファベット

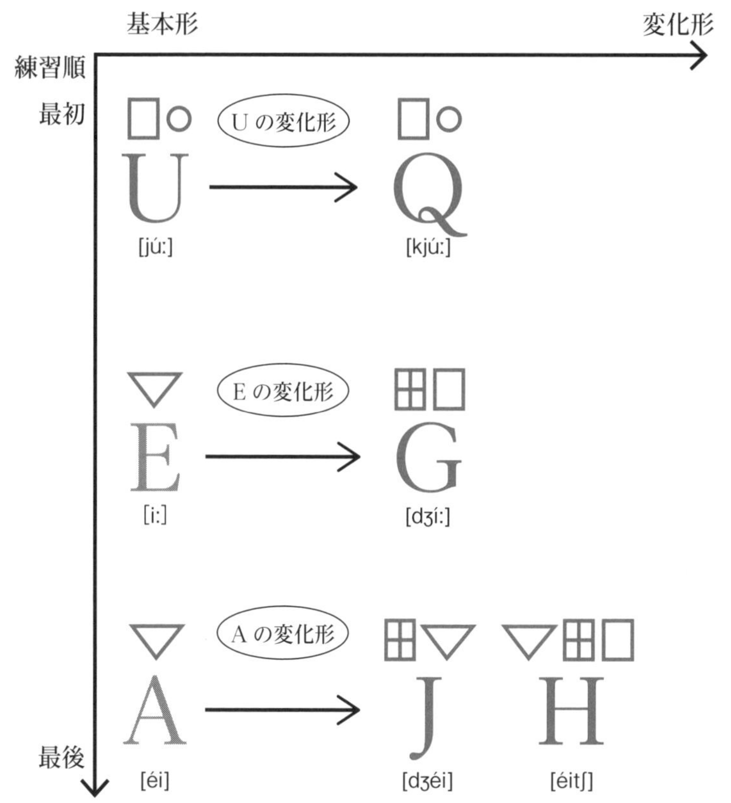

□ ○

U [júː]

●発音記号　júː

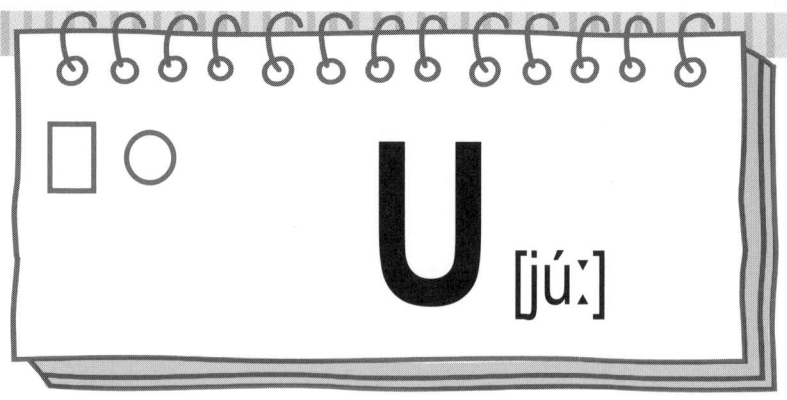

[j] の発音をしてから [uː] を発音します。[uː] はアルファベット【O】[óu] の発音 [u] を長めにのばした発音です。

●発音のポイント

アルファベット【U】は唇をしっかりと前に突き出したまま [j] と [uː] を発音します。[j] は四角、[uː] は口笛の口形を使って発音します。

●英語口　□ → ○

[j] は人差指を軽く噛んで、唇を前に突き出して、指２本分唇を縦に開けましょう。口形をキープしたまま、「イー」とのばしましょう。
[uː] は口笛を吹く感じで、つまようじ１本分の穴を作ります。口形をキープしたまま、「ウー」と発音します。

[j] □

- □ 人差指を噛んで上下の歯を指１本分開ける
- □ 唇を前に突き出す
- □ 口を指２本分縦に開ける

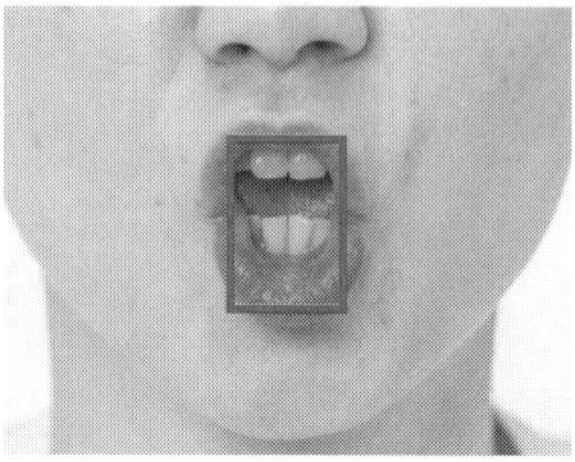

[uː] ○

- □ 口笛を吹く感じ
- □ 口を前に突き出す
- □ 口をつまようじ１本分開ける

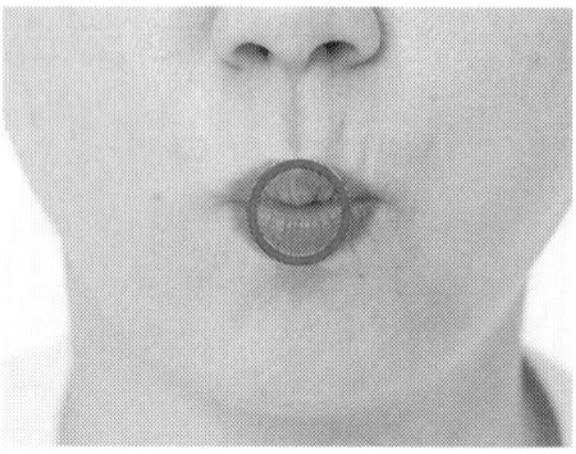

●英語舌

[j] 舌先1は下前歯の裏に付いている状態です。舌の両脇4は、上の歯に付いている状態です。

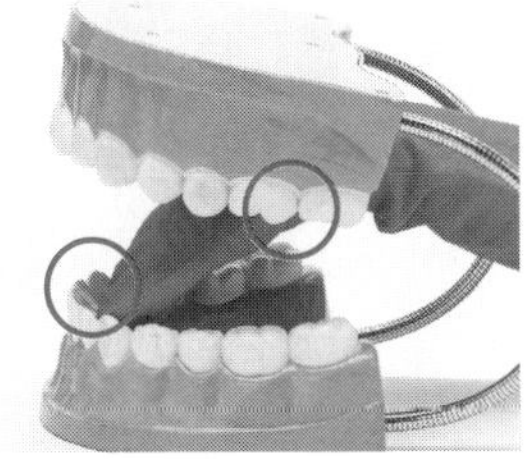
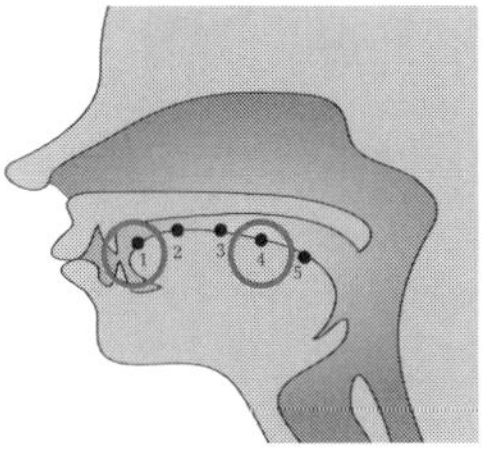

英語舌 E ポジション

[u:] 舌先1を下前歯の裏に軽く付けたまま、舌の真ん中3をくぼませます。
舌をスプーンのような状態にしたまま、「ウー」と発音します。

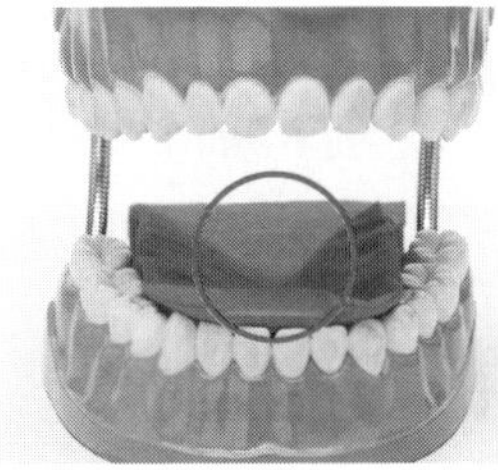
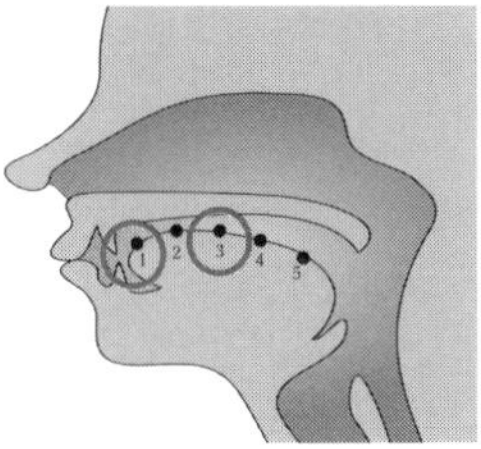

英語舌 O ポジション

●答え合わせ

つなげて発音してみましょう。
[j] を発音したままゆっくりと唇を前に突き出して、口笛を吹くときの唇に近づけていきましょう。声を真ん中にまとめていくような発音です。
[u:] は、口が狭い状態ですので、声が唇に当たって、唇がくすぐったくなるくらいに振動すればOKです。

https://youtu.be/9ol6QKh6obM

アルファベット【U】の発音が含まれるよく使う英単語

□ you あなた　□ use 使う　□ new 新しい

□ view 眺め　□ beauty 美　□ continue 続ける

★もっと知りたい人は P127 へ

□ ○

Q [kjúː]

●発音記号　kjúː

アルファベット【U】[júː] の発音の前に、[k] という発音が付くだけです。[k] の発音は、アルファベット【K】[kéi] で出てきた [k] と同じです。

●発音のポイント

[k] の発音は、舌根だけが動く子音なので、いろいろな口形で発音できます。【K】のときはの三角でしたが、ここでは四角で発音しましょう。

●英語口　□　→　○

[k] は、唇を指 2 本分縦に開け、「クッ」と息を出します。無声音なので、息だけが出ていれば OK です。

[júː] は四角い口形をキープして [j]「イー」とのばし、口笛を吹く口形に近づけて、つまようじ 1 本分の穴を作り、「ウー」と発音します。

[k] [j] □

- □ 人差指を噛んで上下の歯を指 1 本分開ける
- □ 唇を前に突き出す
- □ 口を指 2 本分縦に開ける

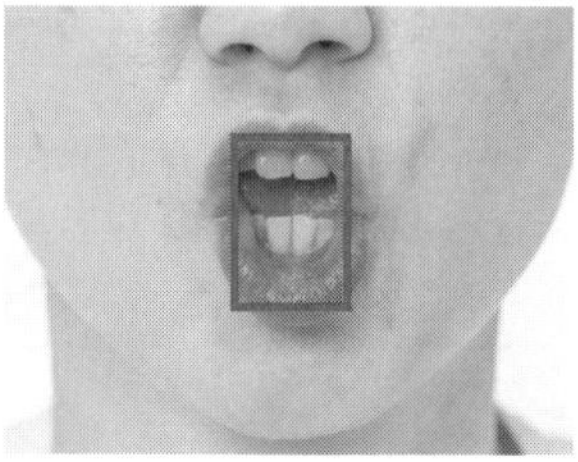

[uː] ○

- □ 口笛を吹く感じ
- □ 口を前に突き出す
- □ 口をつまようじ 1 本分開ける

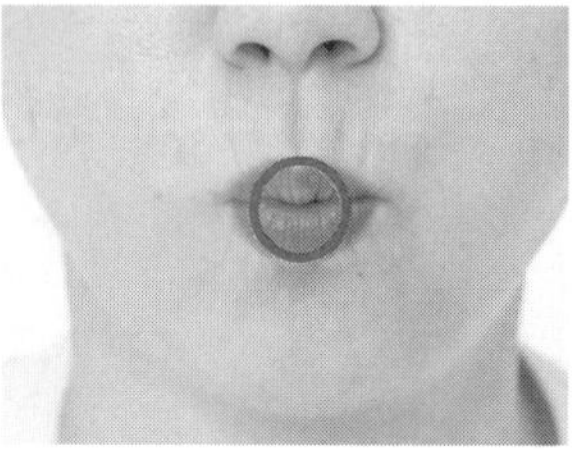

●英語舌

[k] 舌先1は下前歯の裏に付けたまま舌の根元5を上に付けて、「クッ」と息だけで発音します。口の前に手を置いて、手に息が当たる感覚があれば OK です。

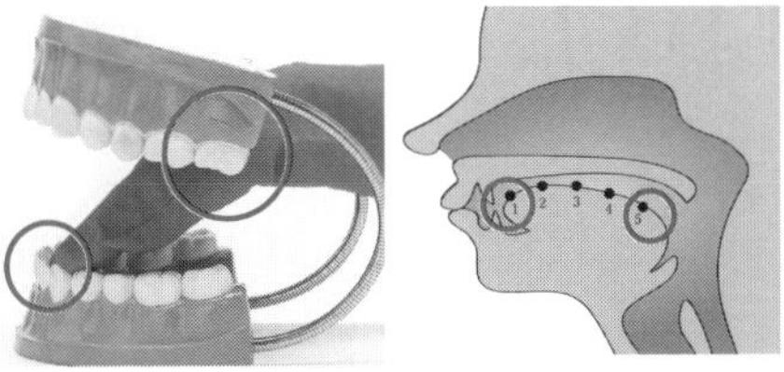

英語舌 K ポジション

[j] 舌先1は下前歯の裏に付いている状態です。
舌の両脇4は、上の歯に付いている状態です。

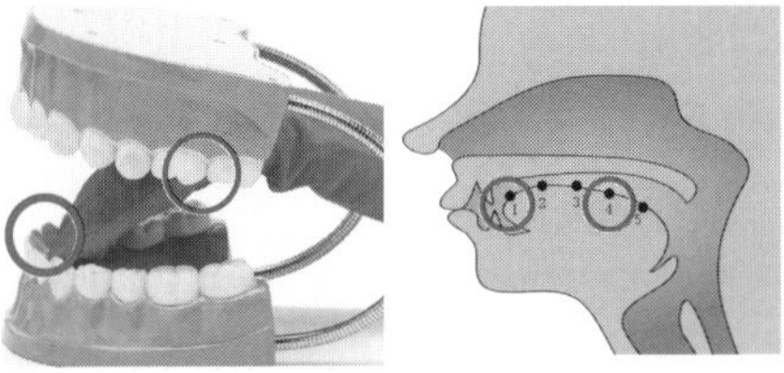

英語舌 E ポジション

[u:] 舌先1を下前歯の裏に軽く付けたまま、舌の真ん中3をくぼませます。舌をスプーンのような状態にしたまま「ウー」と発音します。

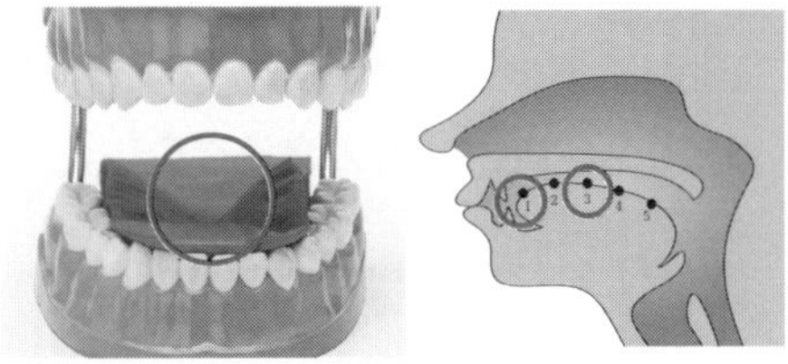

英語舌 O ポジション

●答え合わせ

[k] で息でけり出してから、四角い口形のまま [j]「イー」、唇を突き出して [u:] を発音します。

https://youtu.be/nQmnrwd6AF0

アルファベット【Q】の発音が含まれるよく使う英単語

☐ queue 列　☐ cute かわいい　☐ cube 立方体

☐ excuse 許す　☐ cucumber きゅうり　☐ rescue 救助する

★もっと知りたい人は P127 へ

田 □ G [dʒíː]

●発音記号　dʒíː

[dʒ] の発音のあとに、アルファベット【E】[iː] が続きます。[dʒ] の発音は今回初めて出てくる発音です。

●発音のポイント

[dʒ] は、歯の上下を付けて振動を感じる発音です。後半は、アルファベット【E】[iː]「イー」の発音です。[dʒ] と同じ四角い口形のまま発音するので、普通のアルファベット【E】より低い音の響きになります。

●英語口　田 → □

[dʒ] は、歯の上下を付けて唇を前に突き出し、歯を閉じたまま「ジッ」と発音します。このとき、歯が振動してくすぐったい感じがあれば OK！
同じ口形のまま、[iː]「イー」と発音しましょう。

[dʒ] 田

- □ 上下の歯を付ける
- □ 唇を前に突き出す
- □ 唇を指 2 本分縦に開ける

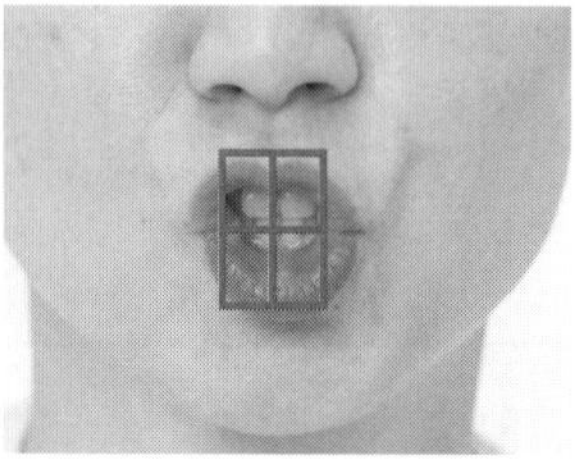

[iː] □

- □ 人差指を噛んで上下の歯を指 1 本分開ける
- □ 唇を前に突き出す
- □ 口を指 2 本分縦に開ける

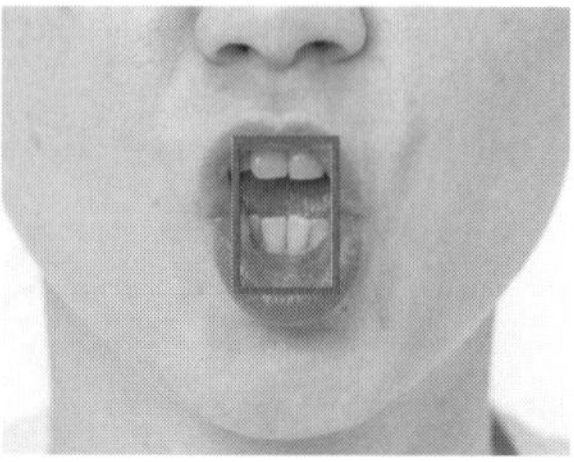

●英語舌

[dʒ] 舌の半分ぐらい1～3が上アゴに付くように注意しましょう。舌先1が上前歯の裏に付いた状態で、息をため込んで、上から下に舌をけり出すときに「ジッ」と音が出ます。

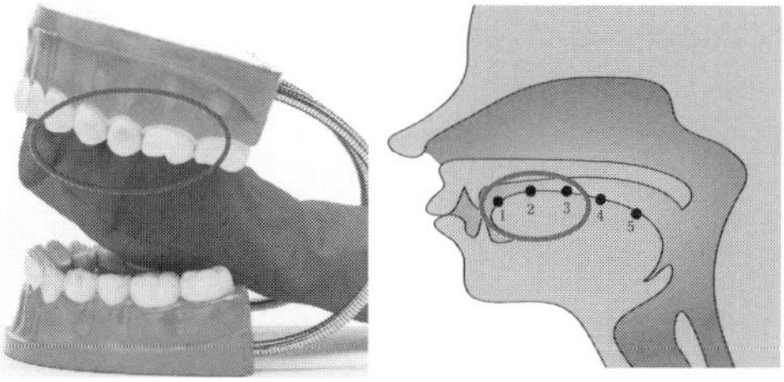

英語舌 D ポジション

[iː] アルファベット【E】をハッキリと発音します。
舌先1は下前歯の裏に付けます。
舌の両脇4は上の歯に付いている状態です。

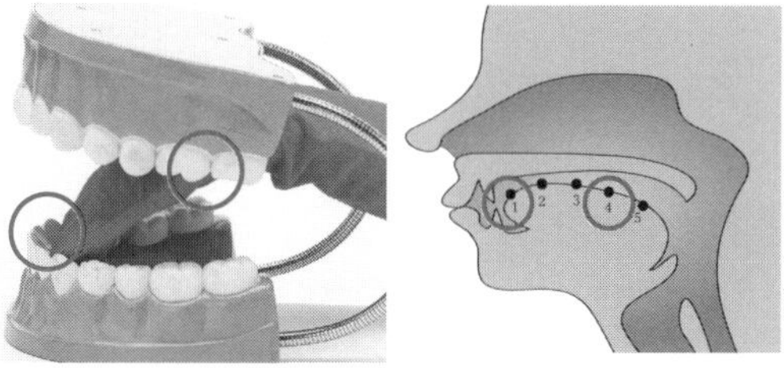

英語舌 E ポジション

●答え合わせ

つなげて発音してみましょう。
歯の上下を付けて唇を前に突き出したまま、舌を上アゴに付けて、勢いよく下アゴと舌をけり落として、アルファベット【E】[iː] を、発音します。

https://youtu.be/HGsbE9DNfDc

アルファベット【G】の発音が含まれるよく使う英単語

☐ gee おやまあ　☐ genius 天才　☐ jeep ジープ
☐ jeans ジーパン　☐ biology 生物学　☐ psychology 心理学

★もっと知りたい人は P126 へ

田 ▽ J [dʒéi]

●発音記号　dʒéi

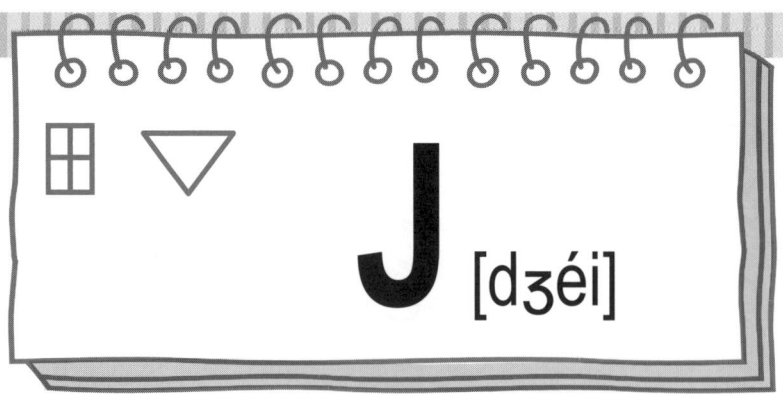

[dʒ] はアルファベット【G】[dʒíː] の中に含まれています。そのあとに、アルファベット【A】[éi] の発音をします。

●発音のポイント

【J】[dʒéi] の [dʒ] の発音は、【G】[dʒíː] の [dʒ] と同じ発音です。歯の上下を付けて、バイブ音を感じることが大切です。【A】の [éi] は [e] を強く発音することで、アクセントの輪郭がハッキリとします。

●英語口　田　→　▽

[dʒ] は、歯の上下を付けて唇を前に突き出し、下アゴと下を一緒にけり落とすとき「ジッ」と発音します。歯の振動を感じられれば OK です。[éi] はアルファベット【A】です。

[dʒ] 田

- □ 上下の歯を付ける
- □ 唇を前に突き出す
- □ 唇を指 2 本分縦に開ける

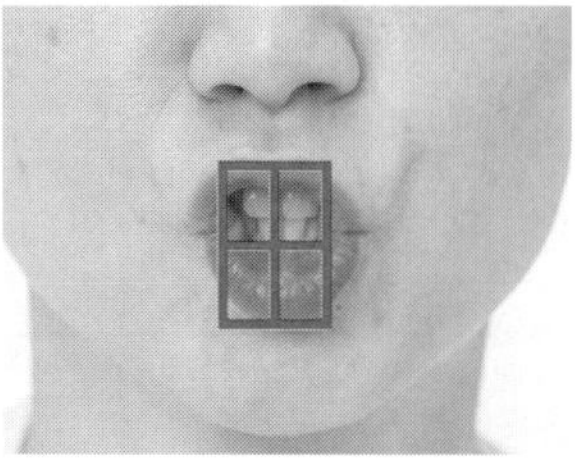

[éi] ▽

- □ 口角を上げる
- □ 下アゴを落とす
- □ 口を指 2 本分縦に開ける

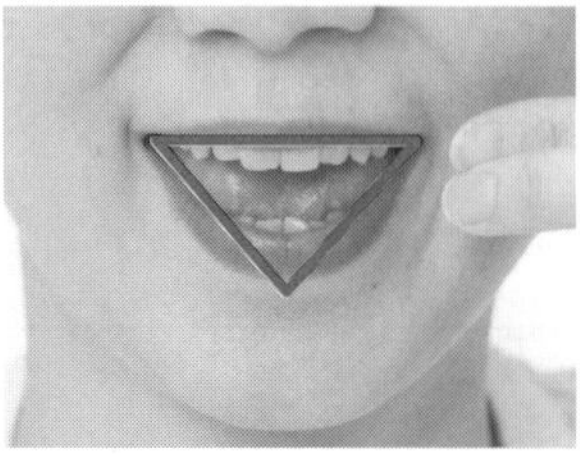

●英語舌

[dʒ] 舌の半分ぐらい1～3が上アゴに付くように注意しましょう。舌先1が上前歯の裏に付いた状態で、息をため込んで、上から下に舌をけり出すときに「ジッ」と音が出ます。

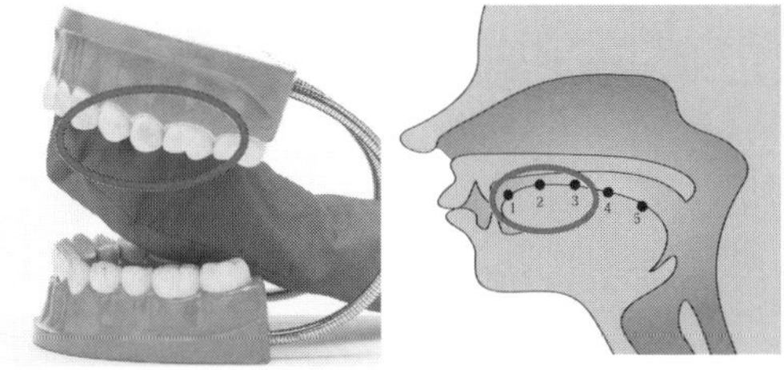

英語舌 D ポジション

[éi][e] も [i] も同じ舌の形です。舌先1は下前歯の裏に付けます。舌の両脇4は上の歯に付いている状態です。

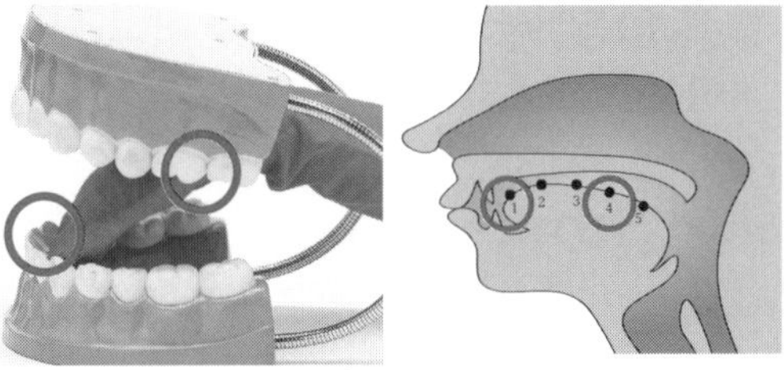

英語舌 E ポジション

●答え合わせ

つなげて発音してみましょう。

[dʒ] は歯の上下を付けて、唇を前に突き出したまま、舌を上アゴに付けて、勢いよく下アゴと舌を一緒にけり落としたら、アルファベット【A】[éi] をハッキリと発音しましょう。

https://youtu.be/nHTIsfY0z3c

アルファベット【J】の発音が含まれるよく使う英単語

☐ Jake ジェイク（人の名前）　☐ Jason ジェイソン（人の名前）

☐ Jamie ジェイミー（人の名前）

★もっと知りたい人は P127 へ

H [éitʃ]

●発音記号　éitʃ

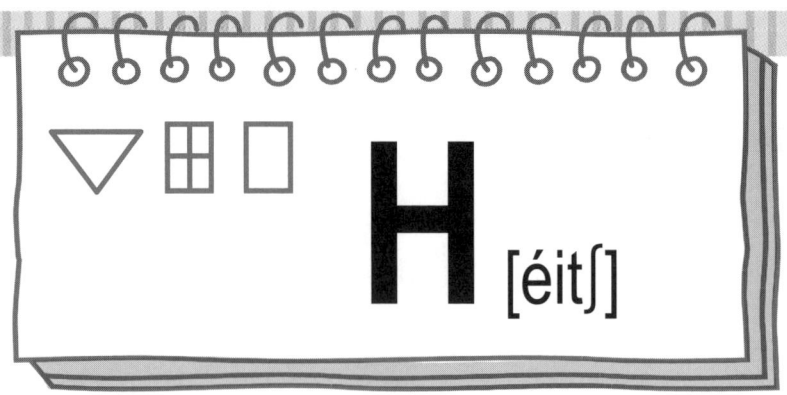

【A】[éi] の発音のあとに、[tʃ] を発音します。今回初めて登場する音です。

●発音のポイント

【H】[éitʃ] の [éi] は、アルファベット【A】[éi] の発音です。
今回ポイントになるのは、[tʃ] という音です。日本語にはない、特殊な舌の動きですが、正しくマスターすることで、ネイティヴ特有の発音ができるようになります。
ゆっくり、発音練習してから、徐々にスピードをあげていけば大丈夫です。
続けるうちに、口と舌を瞬時に動かして、一気に [éitʃ] と、発音できるようになります。

●英語口　▽　→　田　→　▯

[éi] はアルファベット【A】です。口角を上げて、口形を逆三角形で3秒間キープしたまま [éi] と発音します。アクセントは最初に入りますので、初めの音 [e] を強くハッキリと発音します。三角はキープしたまま、[éi] と発音しましょう。

[éi]　▽

- □ 口角を上げる
- □ 下アゴを落とす
- □ 口を指2本分縦に開ける

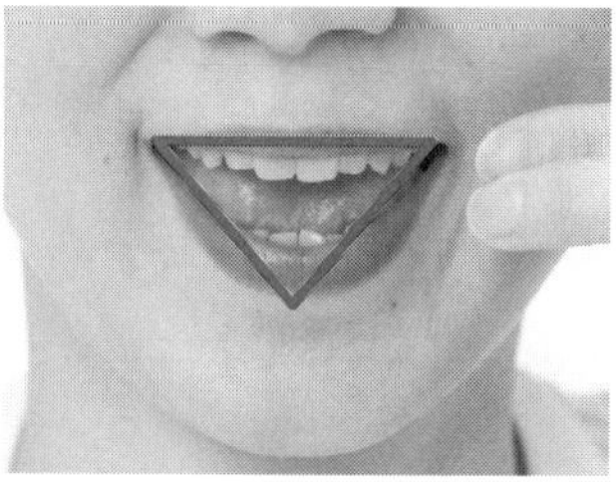

[tʃ] の発音は2個の口形で成り立っています。1個めの口形は、歯の上下を付けて唇を前に突き出します。この時点ではまだ音は出ません。舌を上アゴに付けるだけです。

[tʃ] 前半　田

- □ 上下の歯を付ける
- □ 唇を前に突き出す
- □ 唇を指2本分縦に開ける

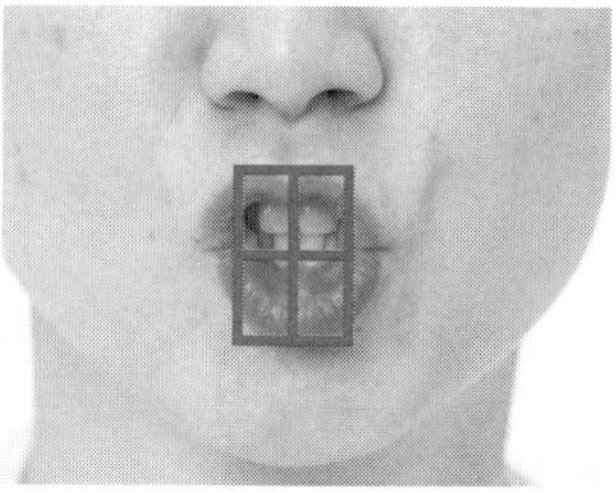

2個めの口形は、歯が閉じている状態から、一気に下の歯をけり落とします。「チッ」というような音が出ますが、この破裂音が、[tʃ] という発音です。舌の動きで生まれる無声音です。ここではまず、口の形だけチェックすればOKです。

[tʃ] 後半　▯

- □ 人差指を噛んで上下の歯を
  指1本分開ける
- □ 唇を前に突き出す
- □ 口を指2本分縦に開ける

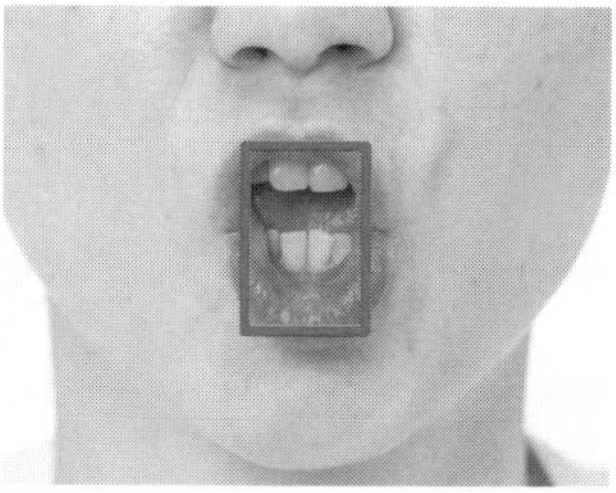

●英語舌

[éi] アルファベット【A】を発音します。[e] も [i] も同じ舌の形です。

舌先 1 は下前歯の裏に付けます。舌の両脇 4 は上の歯に付いている状態です。

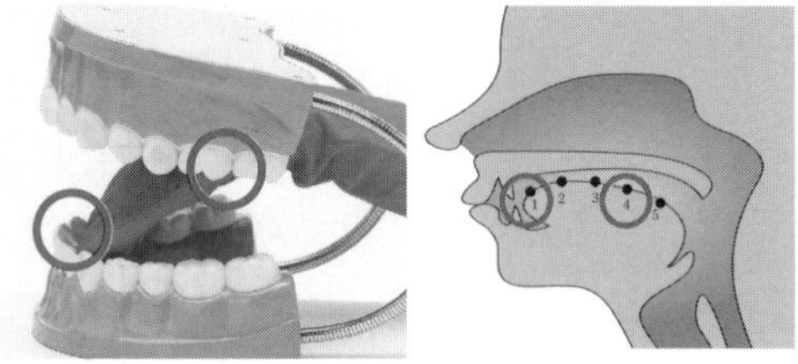

英語舌 E ポジション

[tʃ] 前半舌 1 ～ 3 を吸盤のように、上アゴに強く付ける感じです。息を流そうとしても、息がつっかかる感じがしませんか？　それが正解です。舌が上にしっかりと付いていると、息がせき止められて流れません。

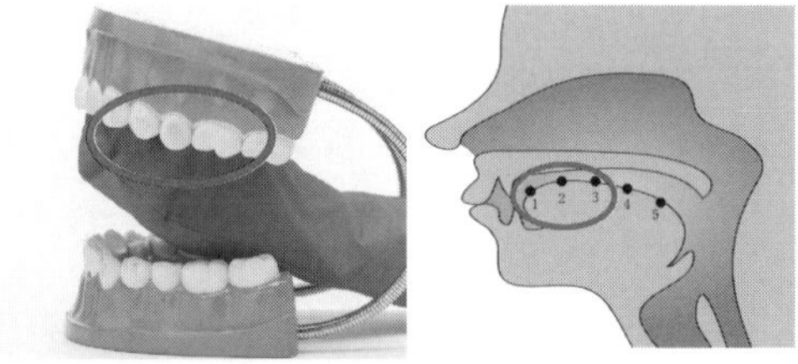

英語舌 D ポジション

[tʃ] 後半息をせき止めたまま、一気に舌と下アゴをけり落としましょう。そのときに息が破裂する音が [tʃ]「チッ」です。舌をけり落としたあとは、舌の真ん中 3 がくぼんでスプーンのような状態になります。

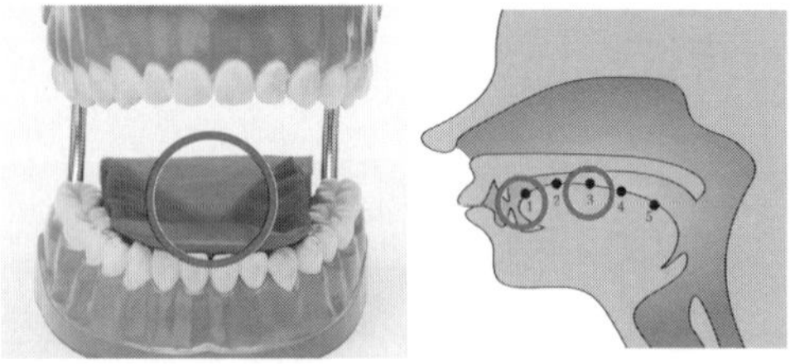

英語舌 O ポジション

●答え合わせ

つなげて発音してみましょう。

アルファベット【A】[éi] を発音します。[tʃ] は口を前に突き出しながら、舌を上アゴに付けて、息をせき止めてから、一気に舌と一緒に下アゴをけり落とします。「チッ」のような発音です。

https://youtu.be/hSeJjpXbMbw

アルファベット【H】の発音が含まれるよく使う英単語

□ html ウェブ言語　□ Rachel レイチェル（人の名前）

□ nature 自然

column

アルファベットの中には他のアルファベットが隠れている！

step1 ～ 4 で、すべての英語口を習得しました。次の step5 は今までの応用編です。ここで各 step で練習したアルファベットをまとめて、アルファベットの中に隠れている他のアルファベットを探してみましょう。

【step4 までに学んだアルファベット】

step1 ▽三角	EDTAKN
step2 ―田田 ロロクローズ	MBPSXCZFV
step3 ○①②丸	OIY
step4 田口四角	UQGJH

隠れているアルファベットでグループを整理してみましょう。

【E】の発音が隠れているアルファベット BCDGPTVZ

【A】の発音が隠れているアルファベット HJK

【I】の発音が隠れているアルファベット Y

【U】の発音が隠れているアルファベット QW

特にアルファベット【E】と【A】は仲間が多いです！【E】も【A】も step1 で練習したアルファベットです。step1 はすべての基礎となります。基礎ができると、26 個すべてのアルファベットが定着して、ネイティヴ発音が身に付きやすくなります。

語学は、基礎がとても大切です。基礎をしっかりマスターして、ネイティヴ発音をめざしましょう！

step 5

劇的に発音変化するアルファベット

step1 ～ step4 で、アルファベット 26 音に登場する英語口はすべてマスターできました。step5 では、最後のアルファベット【R】【L】【W】を練習しましょう。

R

日本人が苦手とする発音ですが、実は 2 個の口形と舌の組み合わせをするだけで、ネイティヴ発音ができます。

L

辞書に記載されている発音記号に、もう 1 音追加するだけで、ネイティヴ発音にグッと近づきます。ネイティヴは無意識に、この 1 音を加えて発音しています。

W

アルファベットの中で、一番発音数が多く、6 個の発音で成り立っています。まずは単音ずつ発音を確認しましょう。発音が安定してきたら、2 音ずつ組み合わせて練習すれば OK です。

step5 はアルファベット 26 音の最後の step です。アルファベットに含まれる発音をすべてマスターすると、ネイティヴ発音の 7 割が完成します。

最後は 3 個のアルファベットです。今まで学んだ口形を復習しながら発音練習しましょう。

step5 のアルファベット

下の図は、step 5の全体像です。ここで習得できるアルファベットは3個です。これでアルファベット 26 個すべてが完成です。

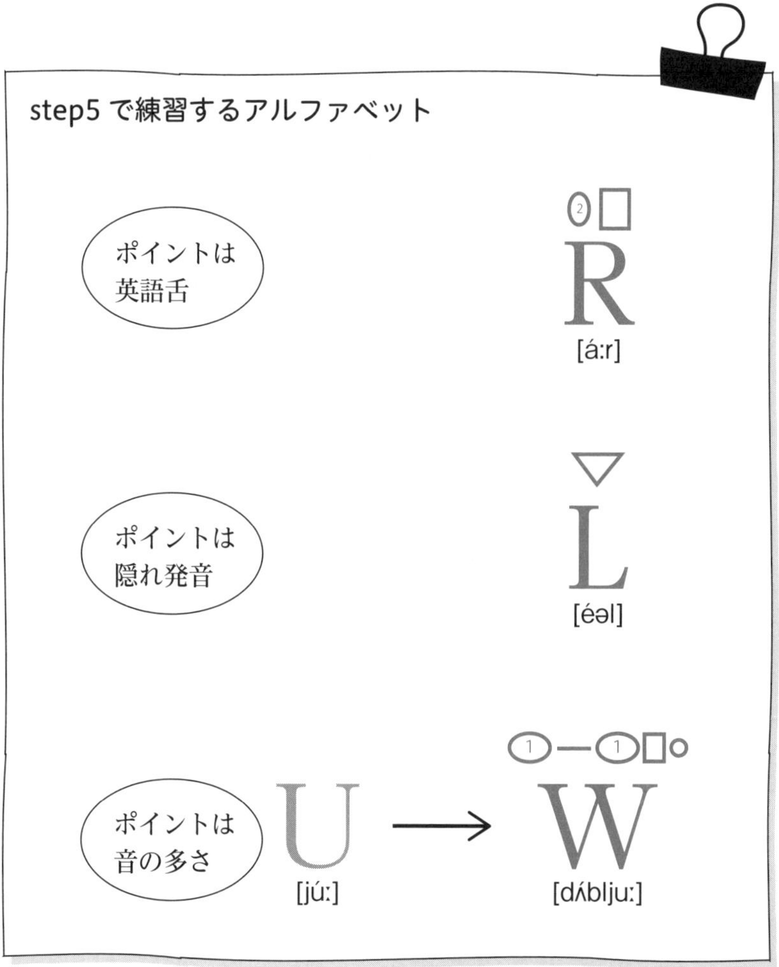

② □

R [á:r]

●発音記号　á:r

[a] はアルファベット【I】[ai] の [a] の発音ををのばした発音です。[r] は、今回初めて登場する発音です。

●発音のポイント

日本人が不得意な発音、アルファベット【R】ですが、ポイントを把握してしまえば、あっという間に発音できます。
前半の [a:] は、[a] をのばすだけなので簡単です。
[r] の発音を丁寧に練習してみましょう。[r] は、舌先を上に上げて、舌を丸めると思っている方が多いですが、絶対に丸めてはいけません。ネイティヴが聞いて気持ち悪いと感じる発音になってしまいますので、要注意です。正しい発音は舌の使い方にあります。ここでしっかり英語舌の R ポジション （P84）をマスターしましょう。驚くほど発音が変わります！

●英語口　②　→　□

口形は、たった２個です。
まず、指２本分、口を縦にしっかりと開けたままの状態で、あくびをする感じで深めに「アー」と発音してみましょう。

[a:]　②

- □ あくびする感じ
- □ 下アゴを下げる
- □ 口を指２本分縦に開ける

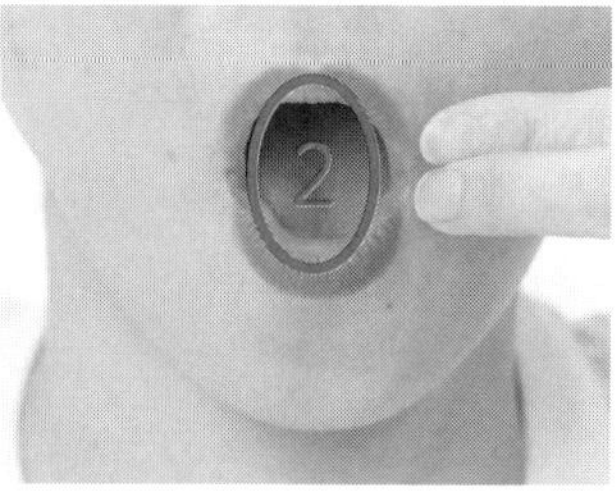

口は指２本分開けたまま、唇を前に突き出して、人差指を軽く噛んで、唇を前に突き出したまま発音します。先に口の形だけチェックしましょう。

[r]　□

- □ 人差指を噛んで上下の歯を指１本分開ける
- □ 唇を前に突き出す
- □ 口を指２本分縦に開ける

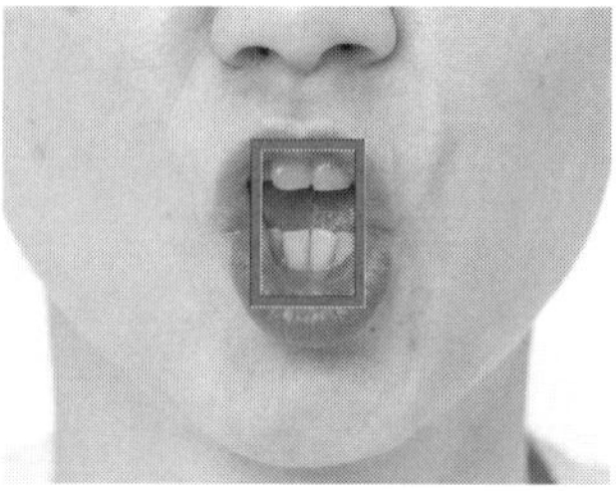

●英語舌

[a:] 舌先１を下前歯の裏に軽く付けたまま、舌の真ん中３をくぼませます。
舌をスプーンのような状態にしたまま、声を出します。

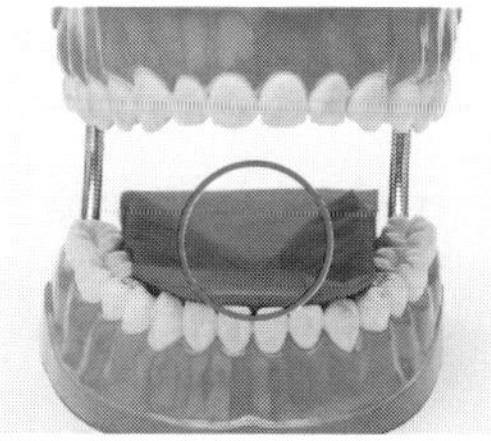

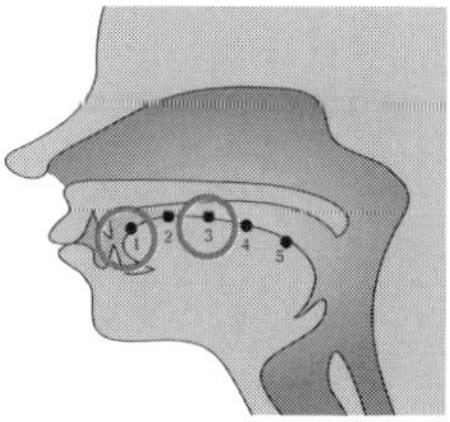

英語舌０ポジション

[r] 今回初めて登場する舌形です。
舌全体をまっすぐ後ろに引いて、声を出しましょう。「ヴー」というような、少しこもった音になります。これが[r]の発音です。

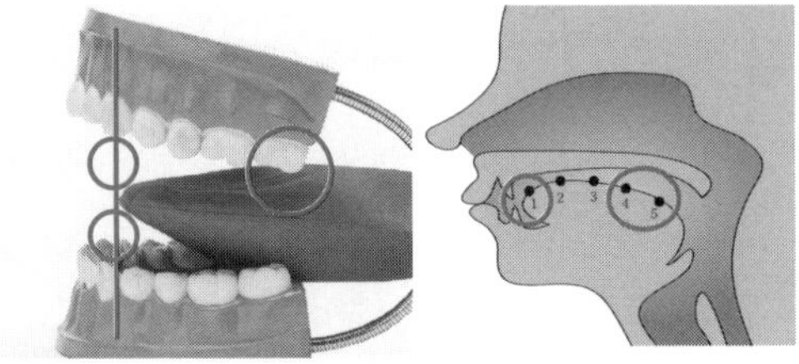

英語舌 R ポジション

舌先１は、上の歯にも下の歯にも触れません。舌全体を奥に引いた状態です。舌の奥４と５の両脇は、上の奥歯に自然と付くはずです。
悪い例を２つあげておきましょう。

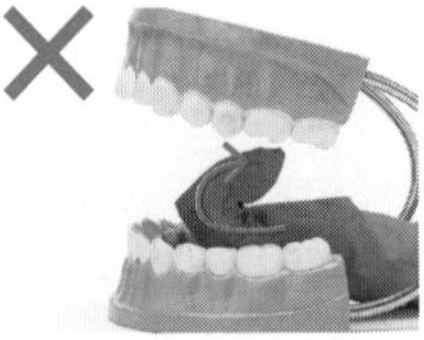

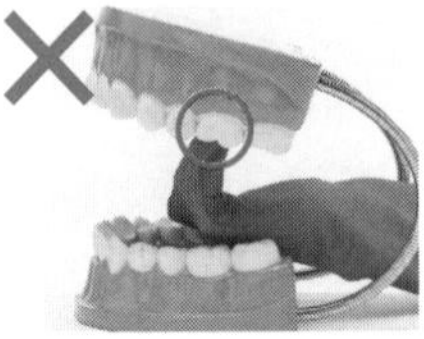

× 舌はまるめません
× 舌の先を上アゴに付けません
○ 舌はまっすぐ後ろに引くだけです！

●答え合わせ

つなげて発音してみましょう。
あくびの口形で、舌をスプーン状にして [a:] にアクセントを付けて長めに発音後、唇を前に突き出し、舌全体をまっすぐ後ろに引きます。今までとは違う【R】の発音できましたね！これがネイティヴの発音【R】[á:r] です。

https://youtu.be/empIU5SyPbo

アルファベット【R】の発音が含まれるよく使う英単語

☐ are ～です　☐ art 芸術　☐ car 車
☐ park 公園　☐ dark 暗い　☐ garden 庭

★もっと知りたい人は P127 へ

▽ L [éəl]

●発音記号　éəl

3 個の発音 [e][ə][l] で成り立っています。【L】[éəl] の [e] は、アルファベット【A】【N】【M】【S】【X】【F】に含まれる、[e] と同じ発音です。[ə] と [l] の発音は、今回初めて登場する発音です。

●発音のポイント

実は、【L】には日本語にはない重要なサウンドが秘かに含まれています。多くの辞書では、【L】の発音記号は [él] としか記載されていません。しかし、ネイティヴが【L】を発音するときは、[e] と [l] の間に、もうひとつ [ə] を発音しています。ここでは、【L】の発音記号を、[éəl] として、ネイティヴ発音に近づけるための練習をしていきましょう。

英語口は、▽三角をキープします。舌の動きだけが変化します。英語舌は 3 個登場しますので、舌の動きを丁寧にチェックしましょう。

●英語口　▽

口形は、step 1 の一番初めに登場した三角です。三角をキープしたまま 3 音発音できます。

[éəl] ▽

□ 口角を上げる
□ 下アゴを落とす
□ 口を指 2 本分縦に開ける

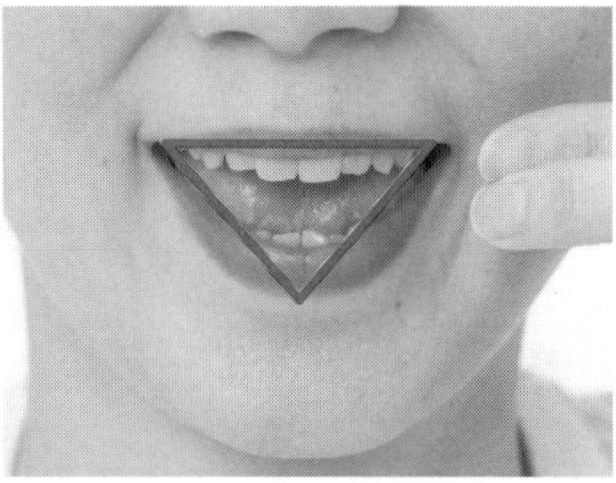

●英語舌

[e] アルファベット【A】[éi] の [e] と同じ発音です。舌先 1 は下前歯の裏に付けます。
舌の両脇 4 は上の歯に付いている状態で、「エッ」と発音します。

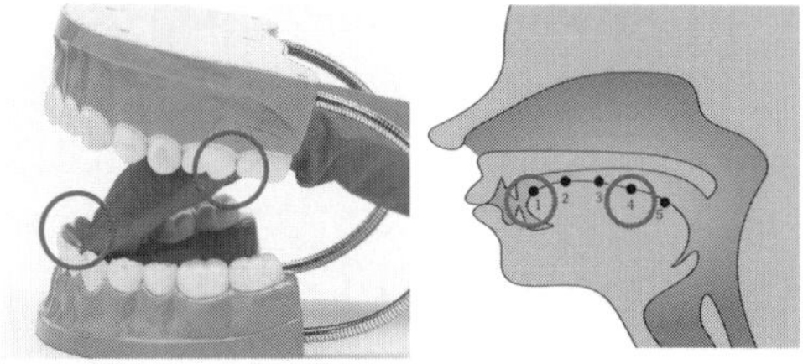

英語舌 E ポジション

[ə] 舌先 1 を下前歯の裏に軽く付けたまま、舌の真ん中 3 をくぼませます。舌をスプーンのような状態にしたまま、声を出します。
軽い咳払いをする感じで深めに「アッ」と発音します。
このとき、鏡を見て喉の奥が見えればOK！　鏡でチェックしてみましょう。
[ə] の発音記号は、「Schwa Sound（シュワサウンド）」です。英語で多用する発音になります。日本語の「ア」と「オ」の間のような音で、日本では「曖昧（あいまい）母音」とも呼ばれています。

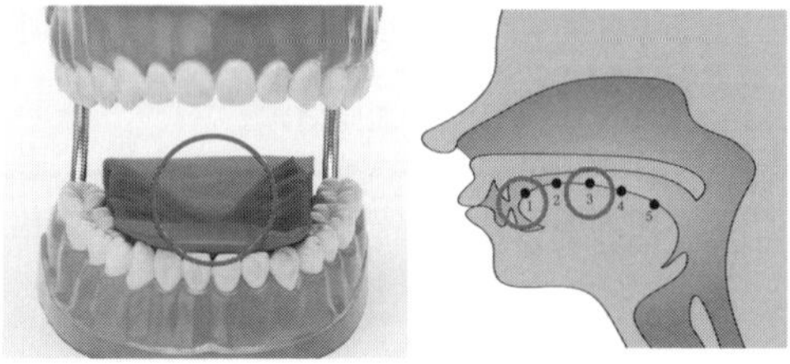

英語舌 O ポジション

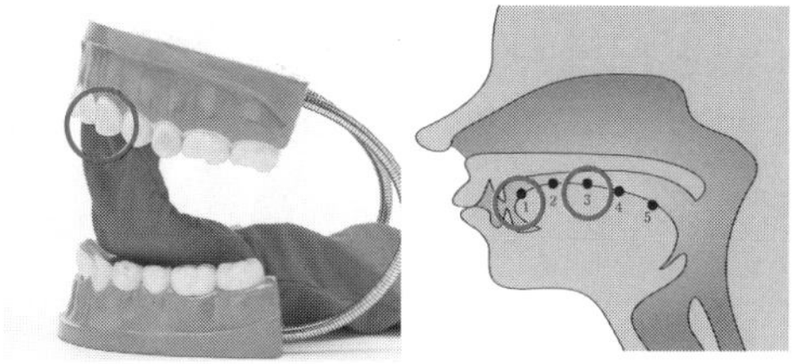

英語舌 L ポジション

[l] 今回初めて登場する舌形です。
英語舌 O ポジション（P86）と同じように、舌の真ん中 3 をスプーン状にくぼませたまま、舌先が上の前歯の裏に軽く付きます。
アルファベット【T】【N】【D】も舌先が上アゴに付きますが、【L】は舌先の付く面積が一番狭くなります（P12 参照）。

●答え合わせ

つなげて発音してみましょう。
三角の口形をキープしたまま、ゆっくりと舌の動きだけを変化させます。
日本語の発音「エル」とはまったく違いますね。辞書に書かれていない [ə] という音がきちんと発音できると、ネイティヴ発音にグッと近づきます。

https://youtu.be/bX0T5payQ30

アルファベット【L】の発音が含まれるよく使う英単語

☐ tell 言う　☐ sell 売る　☐ cell 小さな区画
☐ help 助ける　☐ self 自身　☐ element 要素

★もっと知りたい人は P127 へ

① ー ① □ ○

W [dʌ́bljuː]

●発音記号　dʌ́bljuː

全部で6個の発音で成り立っています。順番に見ていきましょう。

[d] は、アルファベット【D】[díː] の [d] の発音です。

[ʌ] は、今回初めて登場する発音です。

[b] は、アルファベット【B】[bíː] の [b] の発音です。

[l] は、アルファベット【L】[éəl] の [l] の発音です。

[júː] は、アルファベット【U】[júː] と同じ発音です。

●発音のポイント

最後のアルファベット【W】です。6個の発音が含まれていますが、[ʌ] 以外の発音はすでに学んでいます。復習しながら発音練習をしてみましょう。すべてのアルファベットと発音記号ををマスターしたあなたは、ネイティヴ発音のエキスパートです！

●英語口　① → ー → ① → □ → ○

[d] と [ʌ] は、同じ口形をキープして発音します。指1本分リラックスして開いた口です。

[dʌ́]　①

□ 自然な状態

□ リラックス

□ 口を指1本分縦に開ける

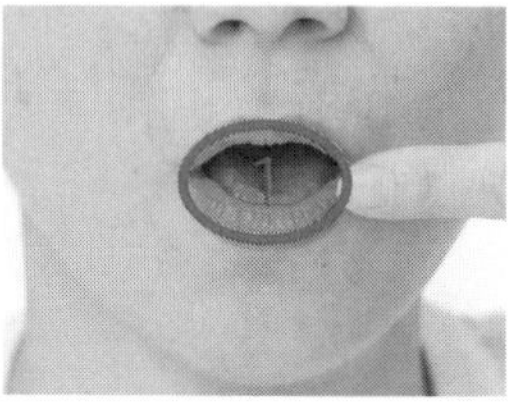

次に [b] は、唇を閉じて息をため込んでから、唇の破裂音で「ブッ」と音が出ます。[l] の発音もリラックスしてに指 1 本分口を開きます。

[b] ―

□ 唇を丸め込む
□ 口を閉じる
□ 歯を見せない

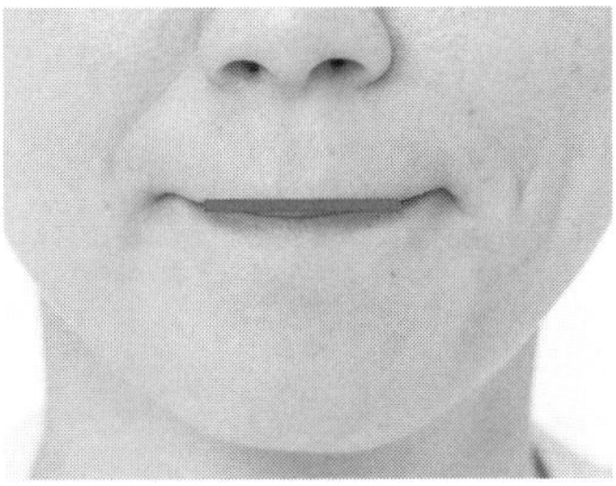

[l] ①

□ 自然な状態
□ リラックス
□ 口を指 1 本分縦に開ける

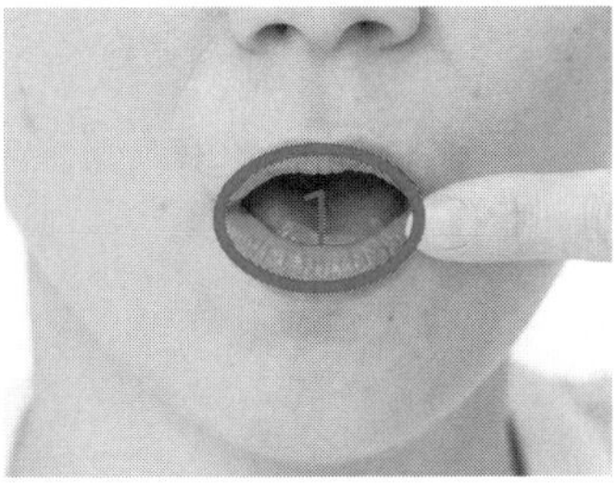

[jú:] はアルファベット【U】と同じです。人差指を軽く噛んで唇を前に突き出し、「イー」を発音しながら口を前に突き出して、口笛を吹く口形に近づけます。つまようじ 1 本分の口を開けて、「ウー」と発音します。

[j] □

□ 人差指を噛んで上下の歯を指 1 本分開ける
□ 唇を前に突き出す
□ 唇を指 2 本分前に突き出す

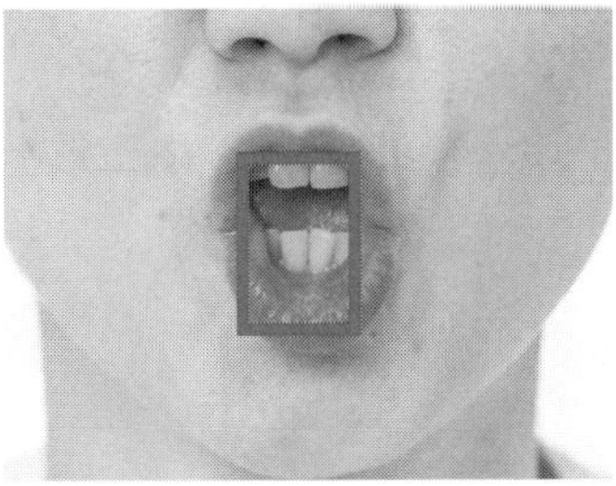

[u] ○

□ 口笛を吹く感じ
□ 口を前に突き出す
□ 口をつまようじ 1 本分開ける

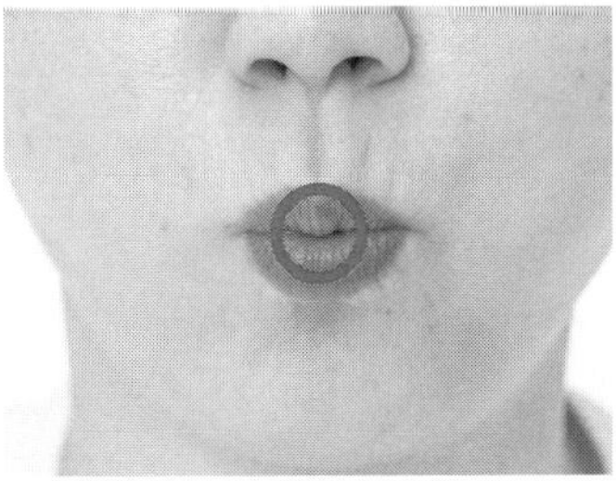

●英語舌

[d] 舌の半分ぐらい1～3を上アゴに付けましょう。
舌先 1 を上前歯の裏に付けてから舌を下にけり出すときに「ドゥッ」のような音が出ます。

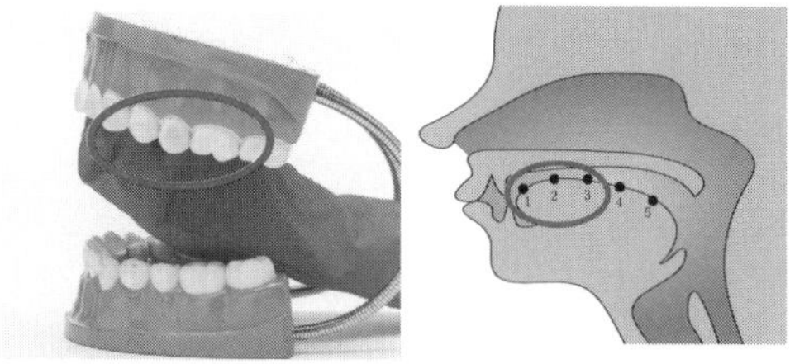

英語舌 D ポジション

[ʌ][b] 舌先 1 を下前歯の裏に軽く付けたまま、舌の真ん中 3 をくぼませます。舌をスプーンのような状態にしたまま、発音します。口を開けたまま、軽い咳払いをする感じで深めに「アッ」と発音します。[ʌ] の発音は、【L】[éəl] の [ə] の発音を強く発音するだけです。
[b] は、舌はスプーン状のまま、口を閉じた状態で発音します。息をため込んでから、唇を破裂させて「ブッ」のような音になります。

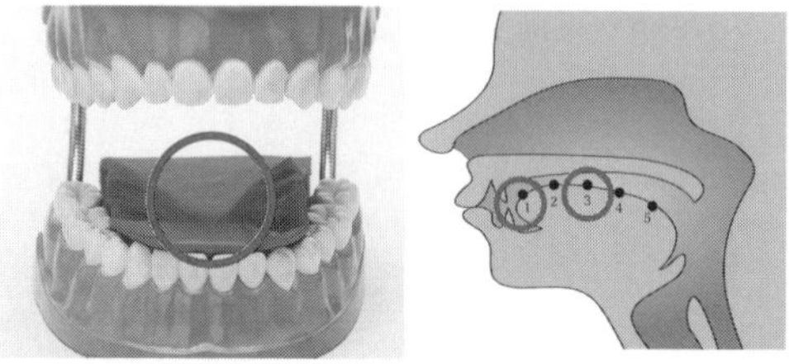

英語舌 O ポジション

[l] 舌の真ん中 3 はスプーン状にくぼんだ状態を保ったまま、舌先 1 だけを上の前歯の裏に軽く付けるだけです。

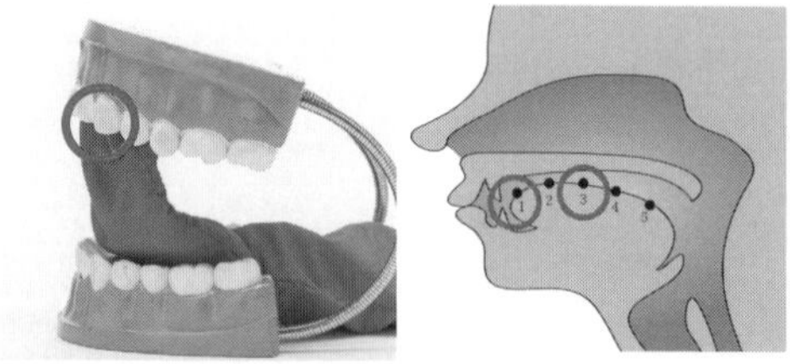

英語舌 L ポジション

アルファベット【U】を発音します。

[j] 舌先1は下前歯の裏に付けている状態です。舌の両脇4は、上の歯に付いている状態です。「イ゛ー」のような発音になります。

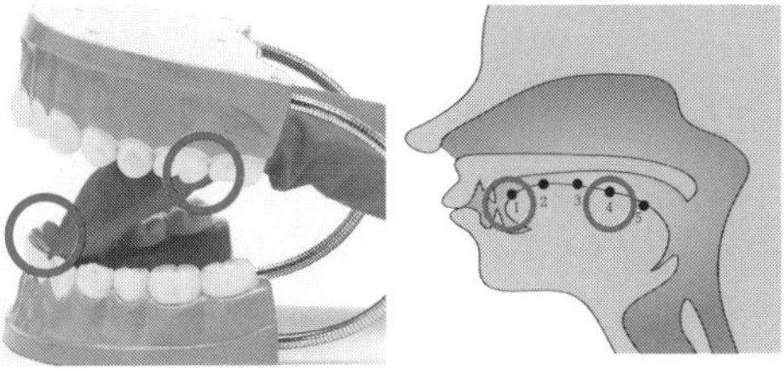

英語舌 E ポジション

[u:] 舌先1を下前歯の裏に軽く付けたまま、舌の真ん中3をくぼませます。舌をスプーンのような状態にしたまま、唇を前に突き出して「ヴー」と発音します。

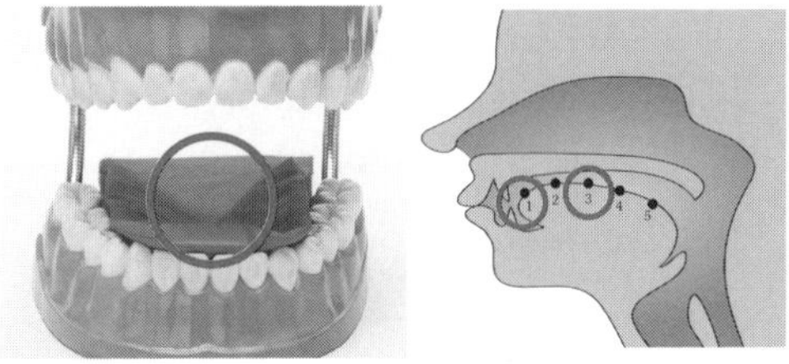

英語舌 O ポジション

●答え合わせ

口を指1本分開けてリラックスした状態で、舌を上から下にけり落として [dʌ́] を発音します。口を閉じて、[b] の破裂音を発音したら、すぐに舌先だけを上の前歯の裏に付けて [l]、最後にアルファベット【U】[ju:] を発音します。

https://youtu.be/G_0o8oQYPkw

口形が多いですが単音で発音できるようになったら、[dʌ́][bl][ju:] の区切りで練習すると発音が安定します。

アルファベットWの発音が含まれるよく使う英単語

□ W.C. トイレ

column

アルファベットからマスターする！ ネイティヴ発音例文トレーニング①

アルファベット【A】から【Z】を含む発音例文でネイティヴ発音を集中的に強化しましょう。前半の【A】から【L】です。（後半はP116）

https://youtu.be/xS8KGCXzWtU

【A】Kate ate eight dates.
ケイトはナツメヤシの実を８個食べました。

【B】Eat the beans and beets at the bistro.
ビストロで、豆とビーツを食べなさい。

【C】The seal sees the sea.
アザラシが海を見ています。

【D】Dean and Teddy like candy.
ディーンとテディは飴が好きです。

【E】The eagle eats eels on the eastern tree.
ワシは東の木で、鰻を食べます。

【F】Jeff left the team.
ジェフはチームを抜けました。

【G】Gee, Gene made jeans.
おやまあ、ジーンはジーンズを作りましたね。

【H】Rachel likes nature.
レイチェルは、自然が好きです。

【I】I like to buy the nice spices.
よい香辛料を購入したいです。

【J】Jake doesn't like the jail.
ジェイクは刑務所が嫌いです。

【K】Kate came to skate on the lake.
ケイトは、湖にスケートに来ました。

【L】I sell bells and belts in the shelter.
避難所で鈴とベルトを販売しています。

part 2

アルファベットに含まれていない11音発音トレーニング

ネイティヴ発音の7割はすでに完成しました。
アルファベットにはない英語発音はあと11個だけです。
それでは残りの11個の発音をマスターしましょう。
これですべての英語発音38音がマスターできます。

▽

æ

● [æ] の発音が出てくる例文

I cut the grass this past Saturday.

先週の土曜日に芝刈りをしました。

●発音のポイント

[æ] は英語発音の中で最も高い音の響きです。文章の中でも目立つ発音です。[æ] の発音がハッキリできると、ネイティヴ英語特有の抑揚も出てきます。

日本語の「エ」の口の形をキープしたまま、高めの声で「ア」を発音する感じです。少し鼻にかけるような声になります。

●英語口　▽

発音する前に口角を上げて、指２本分、口を縦に開けます。

チェックポイント

- □ 口角を上げる
- □ 下アゴを落とす
- □ 口を指２本分縦に開ける

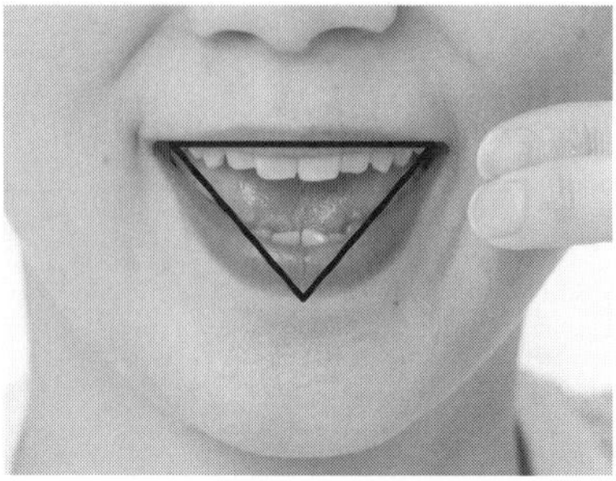

●英語舌

舌先１は下前歯の裏に付けたまま、舌の左右両脇４を上の歯に付けます。

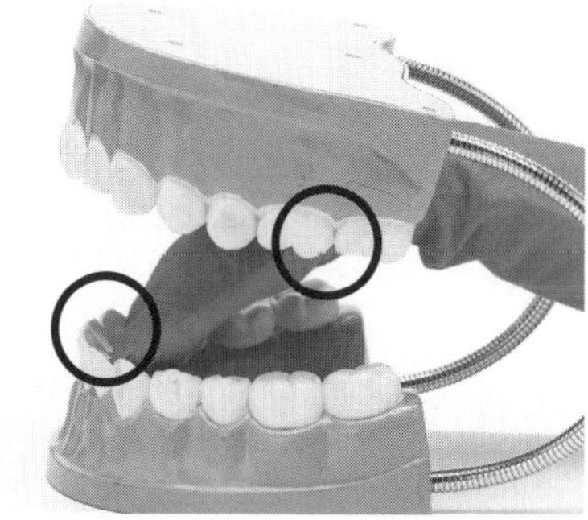

Eポジション

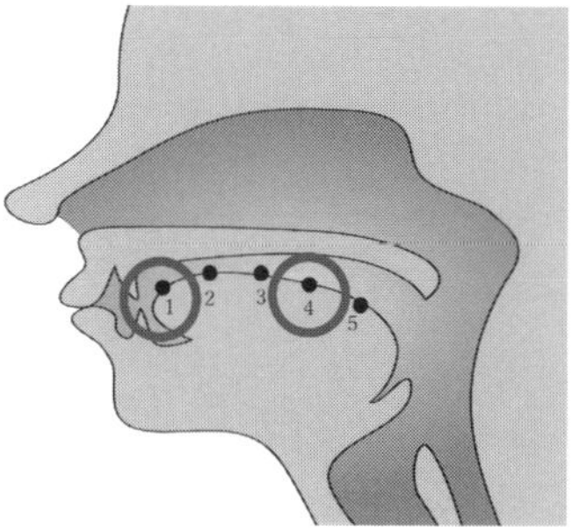

●答え合わせ

英語口と英語舌を合わせて発音してみましょう。
口角を上げたまま指２本分口を縦に開けます。舌先は下前歯の裏と、舌の両脇は上の歯に付けたまま、「ア」と発音しましょう。

https://youtu.be/HBw8OEvYzlA

発音記号［æ］を含むよく使う英単語

□ add 加える　□ ask たずねる　□ apple りんご

①

h

● [h] の発音が出てくる例文

They <u>h</u>ave a <u>h</u>undred <u>h</u>ats.

彼らは 100 個帽子を持っています。

●発音のポイント

リラックスした口形です。指１本分口を縦に開けて、息を吐くだけです。無声音の子音なので、音は入りません。口の前に手を置いて、手のひらに息が当たれば OK です。寒い日に手を温めるような感じの息です。

●英語口 ①

指１本分口を開けます。ポカーンと口を開けるだけ。どこにも力が入らないリラックス状態です。

チェックポイント

- □ 自然な状態
- □ リラックス
- □ 口を指１本分縦に開ける

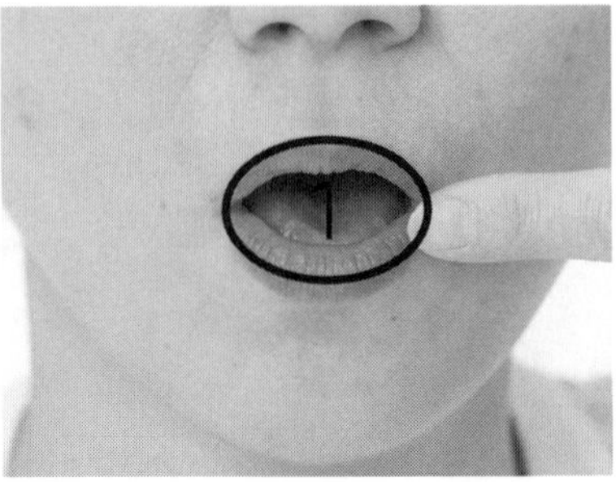

●英語舌

舌先１を下前歯の裏に軽く付けたまま、舌の真ん中３をくぼませます。舌をスプーンのような状態にして、下アゴを落としたまま、息だけを吐きます。

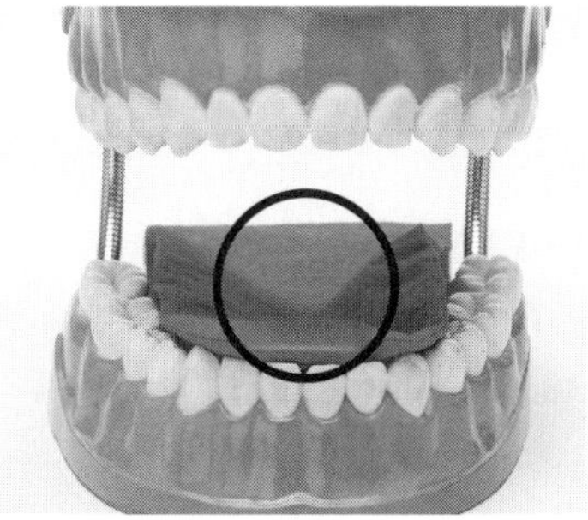

Oポジション

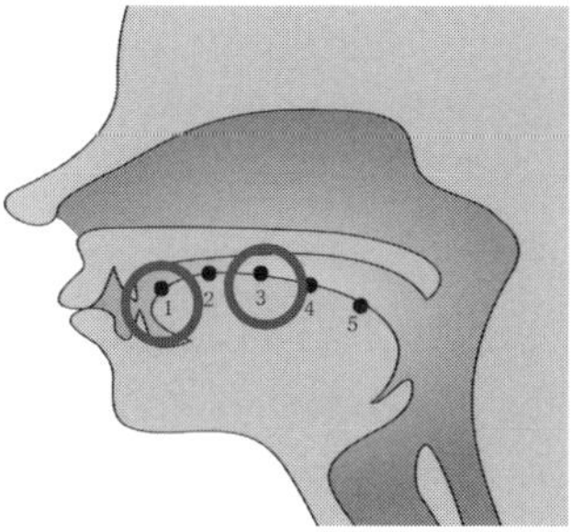

●答え合わせ

英語口と英語舌を合わせて発音してみましょう。

指１本分、口を縦にポカンと開けて、舌をスプーン状にしたまま、息を吐きましょう。リラックスした状態の口形です。

https://youtu.be/astx8jk-aJk

発音記号 [h] を含むよく使う英単語

□ hope 期待する　□ hold 握る　□ have 持つ

①

g

● [g] の発音が出てくる例文

Let's get together again soon.

近いうちまた集まりましょう。

●発音のポイント

指１本分、口を縦に開けたまま、「グッ」と短く一瞬で発音します。息を出しながら発音するので、口の前に手を置いて、手に声が当たる感覚があれば OK です。

●英語口 ①

指１本分口を開けます。ポカーンと口を開けるだけ。どこにも力が入らないリラックス状態です。

チェックポイント

- □ 自然な状態
- □ リラックス
- □ 口を指１本分縦に開ける

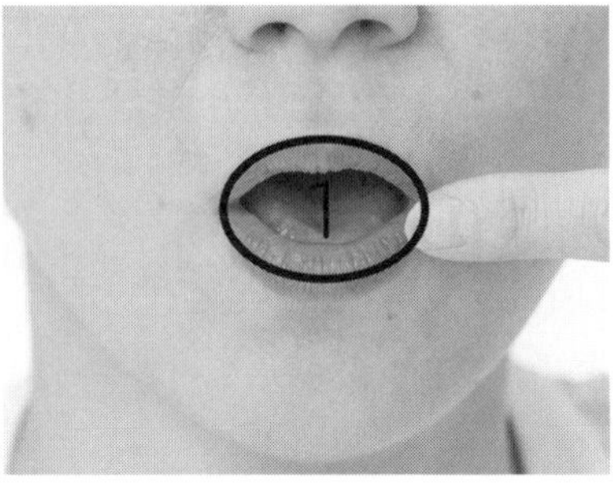

●英語舌

舌先 1 を下前歯の裏に付けたまま舌の奥 5 を上アゴに付けてからけり落とすときに、「グッ」と発音します。

口の前に手を置いて、手に声が当たる感覚があれば OK です。

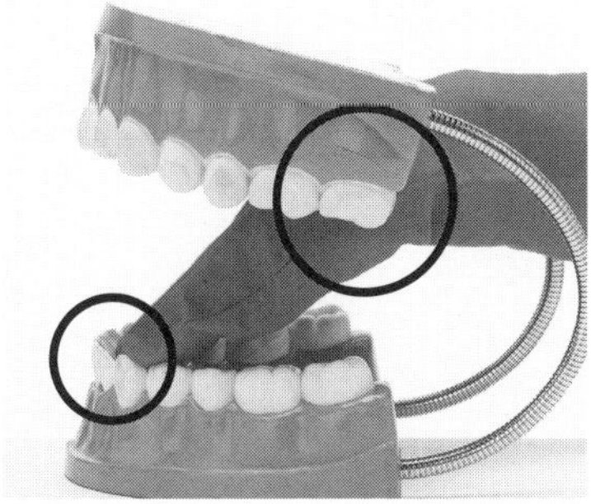

K ポジション

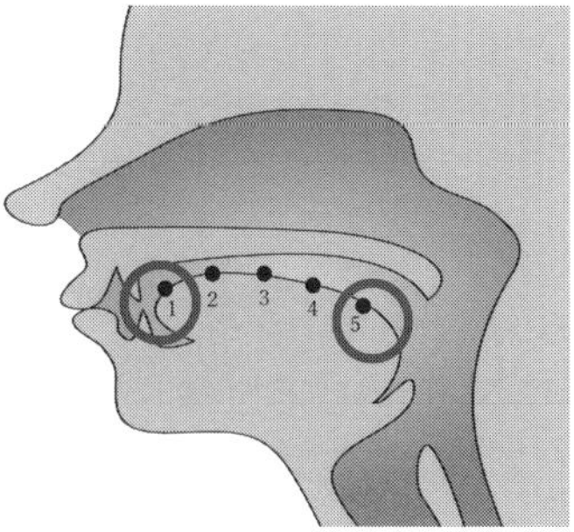

●答え合わせ

英語口と英語舌を合わせて発音してみましょう。

指 1 本分、口を縦に開けて、舌先は下前歯の裏に、舌根は上アゴに付けて、「グッ」と短く息を出します。

https://youtu.be/abfevxQNgIU

発音記号［g］を含むよく使う英単語

□ get 得る　□ guess 推測する　□ guest ゲスト

①

ŋ

● [ŋ] の発音が出てくる例文

The kids are playing ping pong.

子どもたちが、卓球をしています。

●発音のポイント

発音記号は難しそうですが、簡単に発音できます。

舌の奥を上アゴに付けて発音するので、息が止まるような感じの発音になります。しゃっくりが出るときと同じような感覚になります。

●英語口 ①

指１本分口を開けます。ポカーンと口を開けるだけ。どこにも力が入らないリラックス状態です。

チェックポイント

- □ 自然な状態
- □ リラックス
- □ 口を指１本分縦に開ける

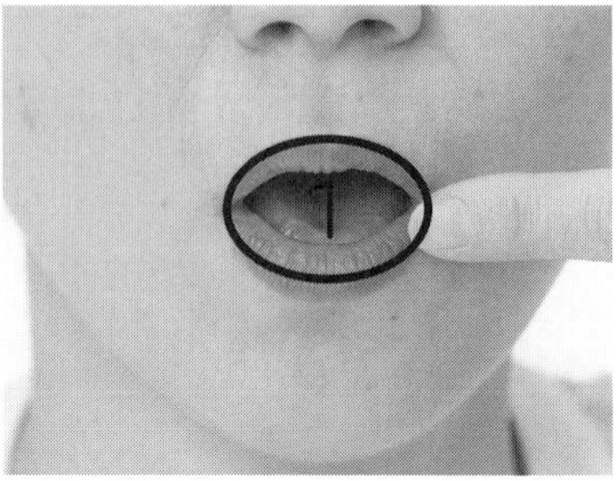

●英語舌

舌先 1 を下前歯の裏に付けたまま舌の奥 5 を上アゴに付けて、「ン゛ッ」と発音する感じです。息をせき止める、ネイティヴらしい発音です。

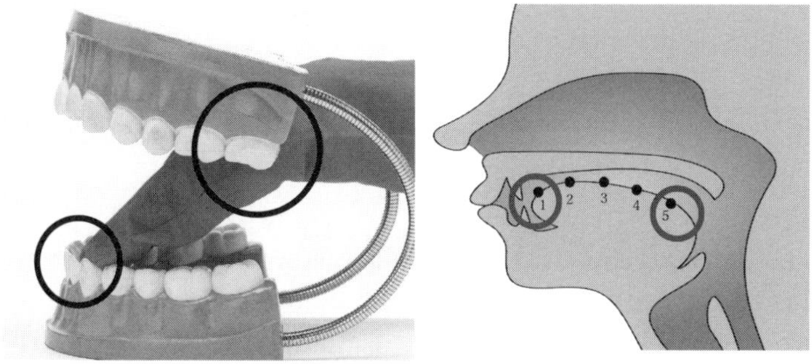

Kポジション

●答え合わせ

英語口と英語舌を合わせて発音してみましょう。

指 1 本分、口を縦に開けて、舌先を舌前歯の裏に付けたまま、舌の奥は上アゴに付けて、「ン゛ッ」と息を止めて発音します。

https://youtu.be/olzZAHBmKXw

発音記号［ŋ］を含むよく使う英単語

□ song 歌　□ tongue 舌　□ hungry 空腹

①

ɔ

● [ɔ] の発音が出てくる例文

This toy is the number one choice among boys.

このおもちゃは、男の子の間で一番人気です。

●発音のポイント

唇を少し前に突き出して、指１本分、口を縦に開けたまま、「オ」と低めの声で発音します。

●英語口 ①

指１本分口を開けます。ポカーンと口を開けるだけ。どこにも力が入らないリラックス状態です。少し唇を前に突き出すイメージで！

チェックポイント

- □ 自然な状態
- □ リラックス
- □ 口を指１本分縦に開ける

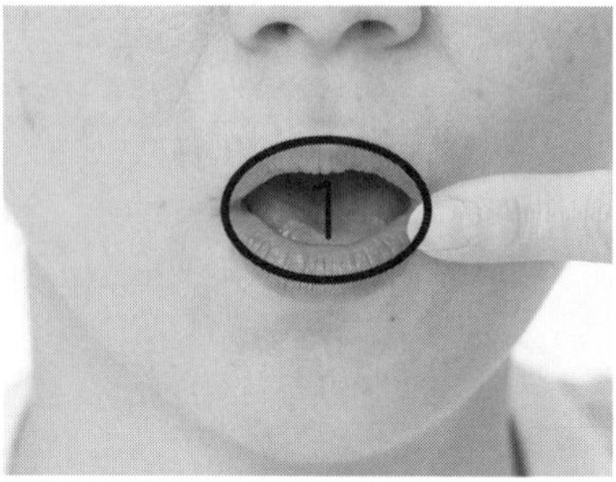

●英語舌

舌先１を下前歯の裏に軽く付けたまま、舌の真ん中３をくぼませます。舌をスプーンのような状態にしたまま、下アゴを落として、口を縦に開けて声を出します。

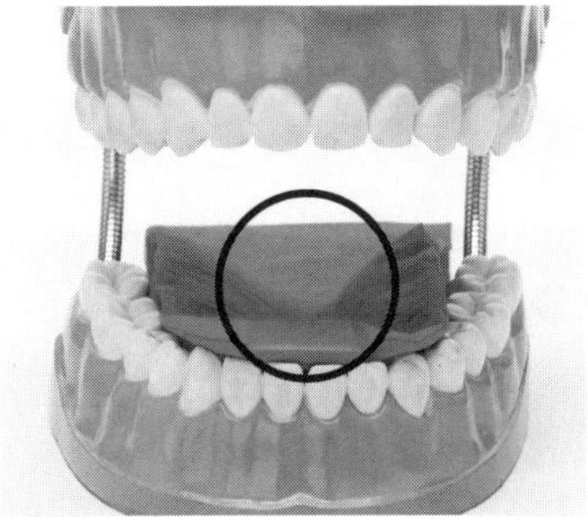

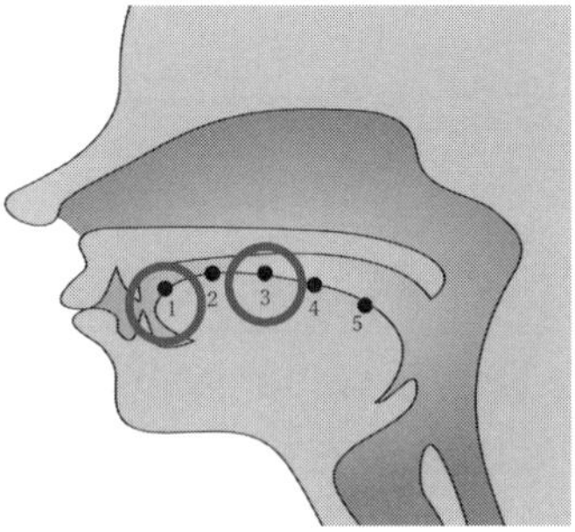

O ポジション

●答え合わせ

英語口と英語舌を合わせて発音してみましょう。
舌をスプーン状にして、指１本分、口を縦に開けて、少し唇を前に突き出したまま「オ」と低めの声で発音します。

https://youtu.be/8HVAJkYl184

発音記号［ɔ］を含むよく使う英単語

□ boy 少年　□ toy おもちゃ　□ spoil だめにする

① ɔ:

● [ɔ:] の発音が出てくる例文

He lost his wallet in August.

彼は 8 月に財布を失くしました。

●発音のポイント

[ɔ:] は、[ɔ] を長めに発音するだけです。[:] は長めに発音することを意味しています。

[ɔ:] も [ɔ] も同じ英語口、英語舌ですのでセットで覚えましょう。

[ɔ] と同じように、少し唇を前に突き出して低めの声で発音します。

●英語口 ①

指 1 本分口を開けます。ポカーンと口を開けるだけ。どこにも力が入らないリラックス状態です。少し唇を前に突き出すイメージで！

チェックポイント

- □ 自然な状態
- □ リラックス
- □ 口を指 1 本分縦に開ける

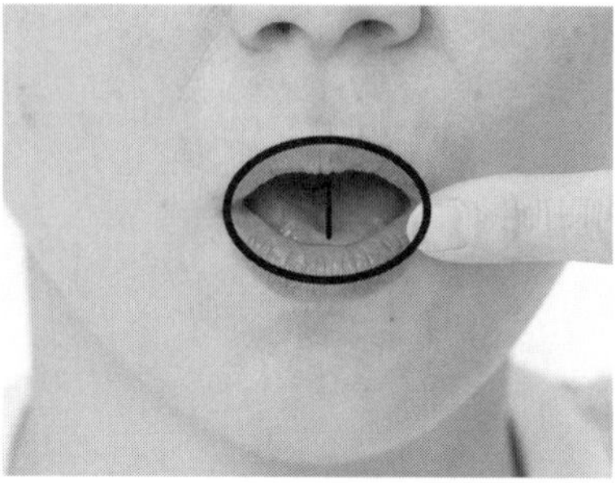

●英語舌

舌先 1 を下前歯の裏に軽く付けたまま、舌の真ん中 3 をくぼませせます。舌をスプーンのような状態にしたまま、下アゴを落として、口を縦に開けて声を出します。

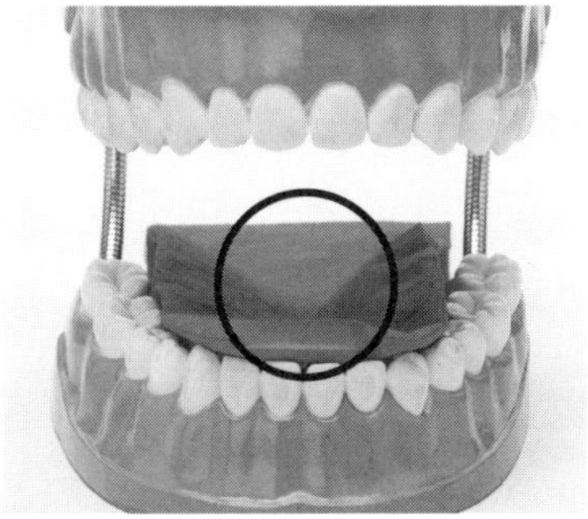

O ポジション

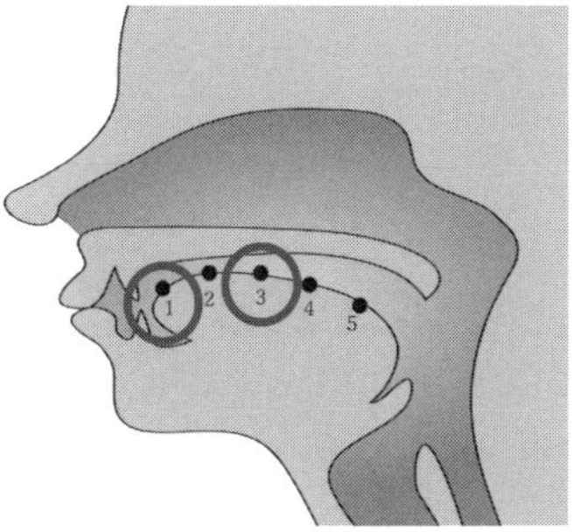

●答え合わせ

英語口と英語舌を合わせて発音してみましょう。
舌をスプーン状にして、指 1 本分、口を縦に開けて、少し唇を前に突き出したまま、「オー」と、低めの声で長めに発音します。

https://youtu.be/pwAF_Pd12OY

発音記号 [ɔː] を含むよく使う英単語

□ all すべて　□ small 小さい　□ August 8 月

● [θ] の発音が出てくる例文

I think I'll take a bath.

お風呂に入ろうかなあ。

●発音のポイント

指 1 本分口を縦に開けます。舌先を上前歯に付けたまま、息を吐くだけです。息を長めに吐く練習をしておくと、短く発音するときにも息だけの発音が伝わりやすくやすくなります。

●英語口 ①

指 1 本分口を開けます。ポカーンと口を開けるだけ。どこにも力が入らないリラックス状態です。少し唇を前に突き出すイメージで！

チェックポイント

- □ 自然な状態
- □ リラックス
- □ 口を指 1 本分縦に開ける

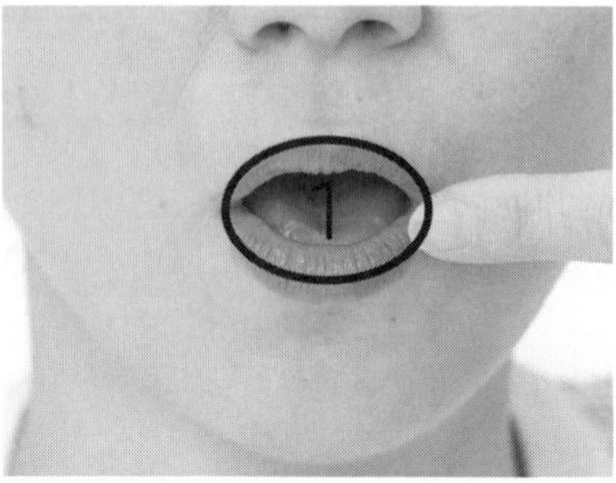

●英語舌

舌先 1 を上前歯に付けたまま息を吐きましょう。

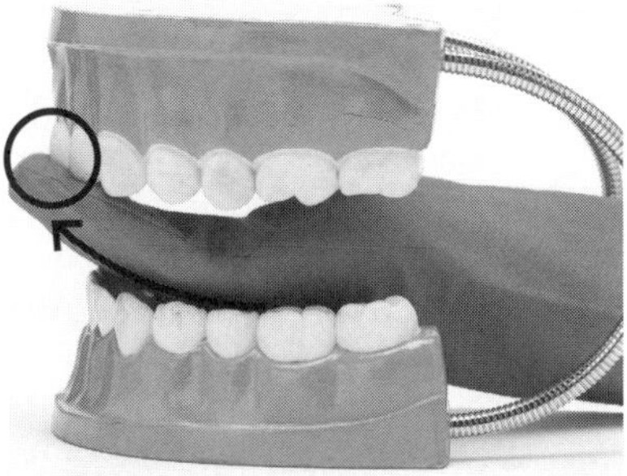

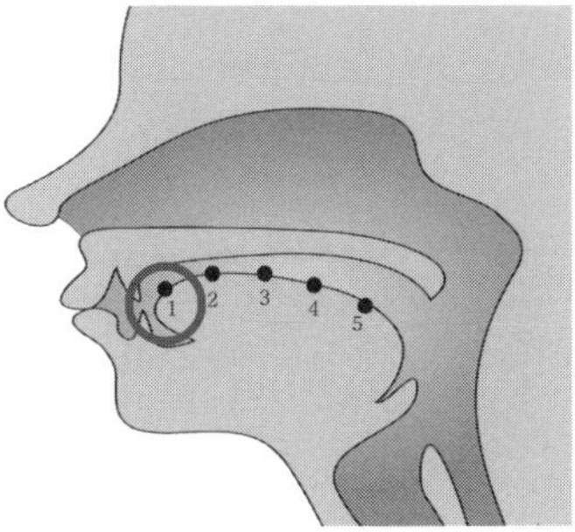

TH ポジション

●答え合わせ

英語口と英語舌を合わせて発音してみましょう。

指 1 本分、口を縦に開けて、舌先を上前歯に付けたまま、息を出しましょう。「スー」というような息の音になります。

https://youtu.be/5IguirZIDZE

発音記号 [θ] を含むよく使う英単語

□ think 思う　□ something 何か　□ method 方法

① ð

● [ð] の発音が出てくる例文

This weather is the best.

この気候は最高です。

●発音のポイント

[ð] も [θ] と同じ英語口と英語舌です。[ð] は、[θ] に声が入ります。[ð] は、声が入る有声音、[θ] は息だけで発音する無声音です。セットで覚えましょう。

舌先を上前歯に付けたまま声を出します。舌に振動を感じたら OK です！ 「ズ」という携帯のバイブ音のような音になります。声を長めに出して練習しましょう。

●英語口 ①

指 1 本分口を開けます。ポカーンと口を開けるだけ。どこにも力が入らないリラックス状態です。

チェックポイント

- □ 自然な状態
- □ リラックス
- □ 口を指 1 本分縦に開ける

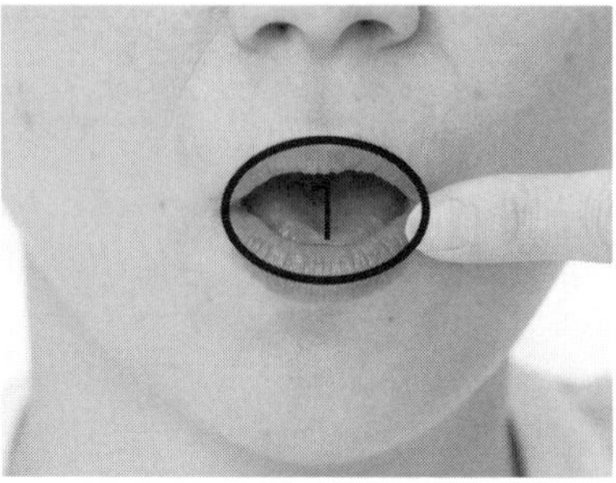

●英語舌

舌先 1 を上前歯に付けたまま声を出します。「ズ」というような音になります。

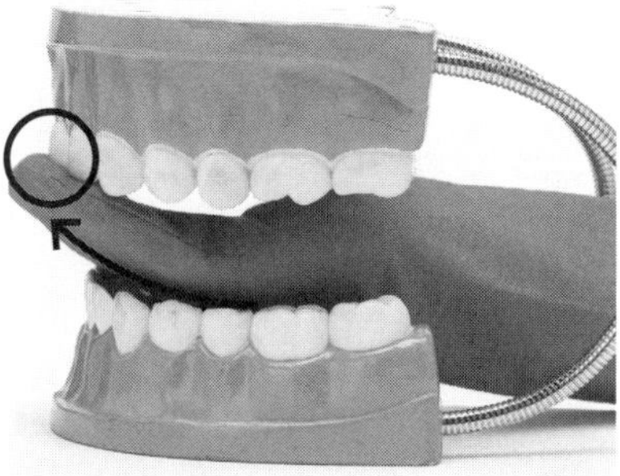

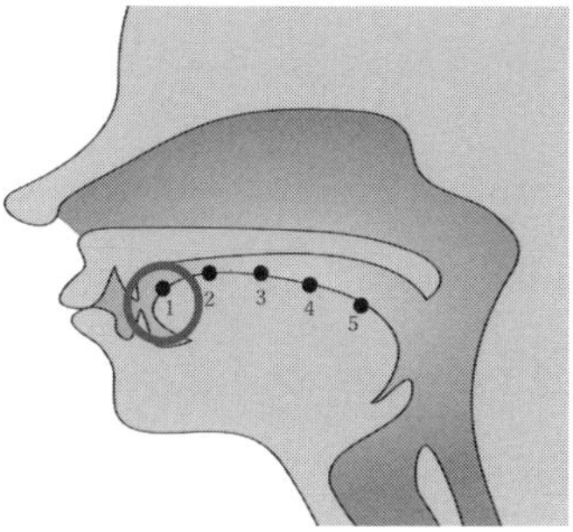

THポジション

●答え合わせ

英語口と英語舌を合わせて発音してみましょう。
指 1 本分、口を縦に開けて、舌先を上前歯に付けたまま「ズ」というような携帯のバイブ音が出れば OK です。

https://youtu.be/v5jYG9_G6Uc

発音記号［ð］を含むよく使う英単語

□ the その　□ they 彼ら　□ witth ともに

田　ʃ

● [ʃ] の発音が出てくる例文

She should share it with us.

彼女は、それを私たちと共有するべきです。

●発音のポイント

歯の上下を付けて、口を前に突き出したまま、息を吐きます。

子どもが騒いでいるときに、母親が人差指を口の前に立てて「シー」と息を流す音です。息だけで発音するので無声音です。息を長めにのばす練習をしておくと、発音が伝わりやすくなります。

●英語口　田

歯の上下を付けたまま口を突き出し、唇の上下を指 2 本分、縦に開けます。この状態のまま、歯の間から息を出します。

チェックポイント

□ 上下の歯を付ける

□ 唇を前に突き出す

□ 唇を指 2 本分縦に開ける

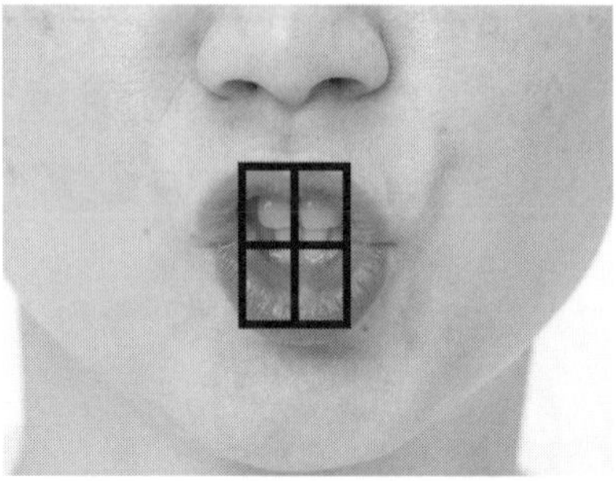

●英語舌

舌先 1 は下前歯の裏に付いている状態です。舌の両脇 4 は、上の歯に付いている状態です。

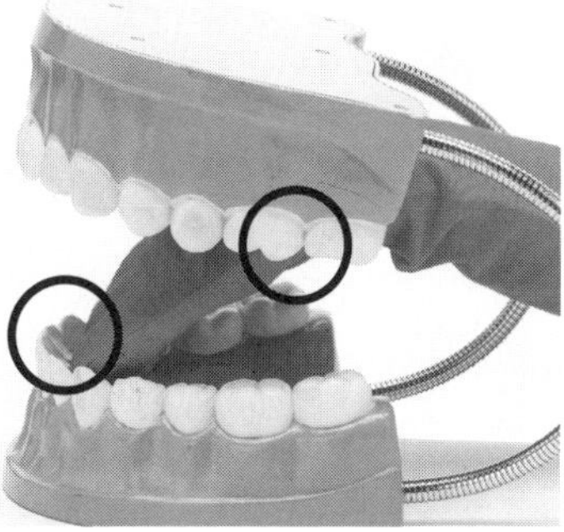

Eポジション

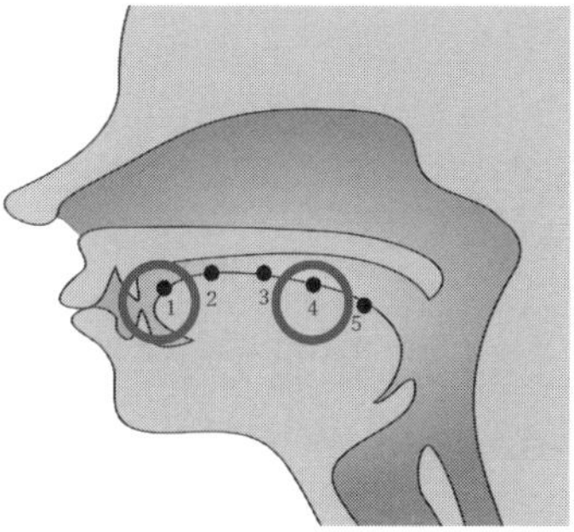

●答え合わせ

英語口と英語舌を合わせて発音してみましょう。
上下の歯を付けて、唇を突き出して、息だけで「シー」と発音します。舌の位置は、舌先を下前歯の裏に付けて、舌の両脇は上の歯に付けた状態になります。

https://youtu.be/V1wS4nr3y4I

発音記号［ʃ］を含むよく使う英単語

□ <u>sh</u>e 彼女　□ <u>sh</u>ort 短い　□ ca<u>sh</u> 現金

田

3

● [ʒ] の発音が出てくる例文

We usually watch television at night.

私たちは、いつも夜にテレビを観ます。

●発音のポイント

[ʒ] は [ʃ] と同じ英語口、英語舌です。

歯の上下を付けて、口の前に突き出したまま、「ジー」と声を出します。歯の振動を感じて、携帯のバイブ音のような音になります。

[ʃ] は息だけで発音する「シー」のような発音でしたが、[ʒ] は [ʃ] に声を入れた「ジー」のような発音になります。両方とも、発音を長めにのばす練習をしておきましょう。

●英語口　田

まず、歯の上下を付けて唇を前に突き出し、歯を閉じたまま「ジー」と発音します。このとき、歯が振動してくすぐったい感じがあれば OK です。

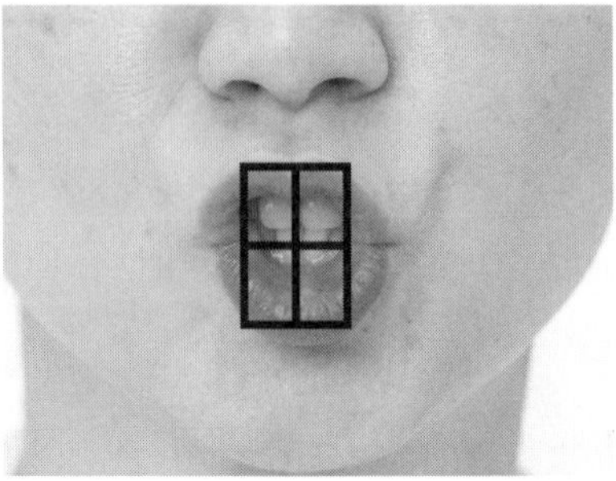

チェックポイント

- ☐ 上下の歯を付ける
- ☐ 唇を前に突き出す
- ☐ 唇を指 2 本分縦に開ける

●英語舌

舌先 1 は下前歯の裏に付いている状態です。舌の両脇 4 は、上の歯に付いている状態です。

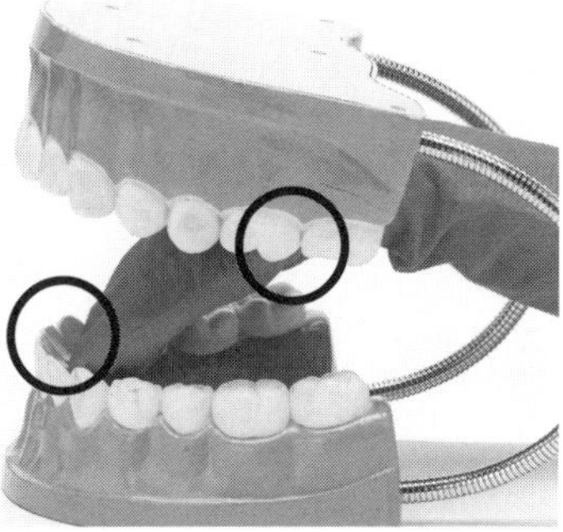

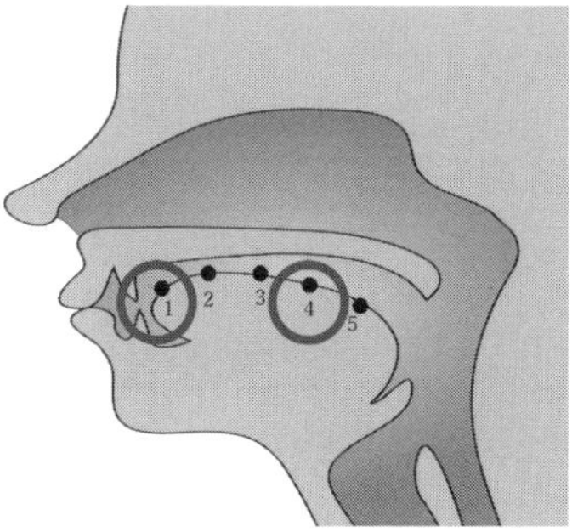

Eポジション

●答え合わせ

英語口と英語舌を合わせて発音してみましょう。
上下の歯を付けて、唇を突き出したまま「ジー」と発音します。舌の位置は、舌先を下前歯の裏に付けて、舌の両脇は上の歯に付けた状態になります。

https://youtu.be/F4wT0ejEPwc

発音記号［ʒ］を含むよく使う英単語

□ Asia アジア　□ usual いつも　□ pleasure 喜び

□

ər

● [ər] の発音が出てくる例文

Her father loves the winter.

彼女のお父さんは、冬が好きです。

●発音のポイント

[ər] は、アルファベット【R】[á:r] の [r] の発音と英語口、英語舌がほぼ同じです。[r] はもうすでに練習しています。アルファベット【R】の発音を先に復習してみてください（P82 参照）。

[ər] は、舌の形が少しだけ変化します。[ər] は、舌全体を後ろにスライドしながら、舌の真ん中を少しくぼませるだけです。[r] と同様、舌先は上の歯にも下の歯にも付きません。

●英語口　□

まず、人差指を軽く噛んで、上下の歯の間を指 1 本分開けます。唇を前に突き出し、唇は指 2 本分開けます。

チェックポイント

- □ 人差指を噛んで上下の歯を指 1 本分開ける
- □ 唇を前に突き出す
- □ 口を指 2 本分縦に開ける

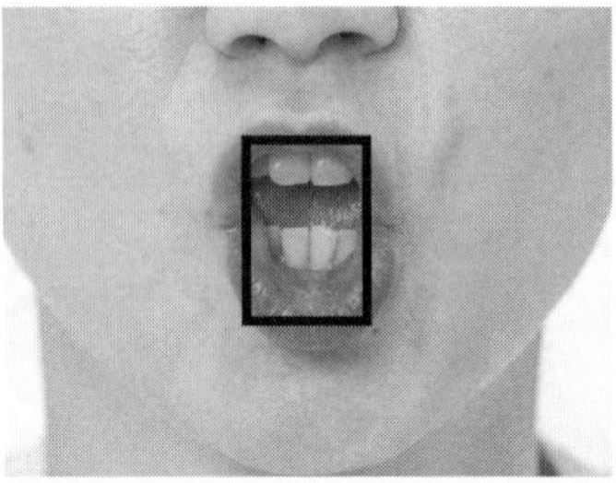

●英語舌　Rポジション

舌全体を真っすぐ後ろに引きながら、舌の真ん中をくぼませて、声を出しましょう。「ヴー」というような、少しこもった音になります。
舌先1は、上の歯にも下の歯にも触れません。舌全体を後ろへ引くと、舌の奥5の両脇は、上の奥歯に付くはずです。

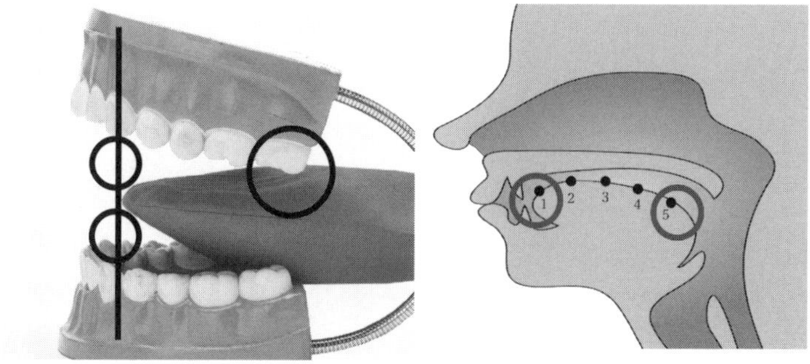

Rポジション

●答え合わせ

英語口と英語舌を合わせて発音してみましょう。
口を前に突き出して人差指を噛んで上下の歯を指1本分開けたまま、舌の真ん中をくぼませて、舌全体を後ろに引いて発音します。

https://youtu.be/-ji4SjEWExU

発音記号［ər］を含むよく使う英単語

□ another もう一つの　□ father 父　□ winter 冬

column

アルファベットからマスターする！ネイティヴ発音例文トレーニング②

https://youtu.be/OHiCtdzMfIY

【M】Empty Emma's shelf of gems for them.
エマの宝石の棚を空っぽにします。

【N】The men spent ten cents on pencils.
その男性は、鉛筆に 10 セント払いました。

【O】Oh no, I don't have soap at home!
なんてこった、家に石けんがない！

【P】Peter peels the pink peach.
ピーターがピンクの桃の皮をむきます。

【Q】They rescued the cute baby.
彼らはかわいらしい赤ちゃんを救助しました。

【R】I like car art.
私はカーアートが好きです。

【S】I escaped the test.
試験を逃れました。

【T】Tea time at the party is starting.
パーティーでお茶の時間が始まります。

【U】You use the new beautiful pen.
あなたは新しいきれいなペンを使っていますね。

【V】Vegans don't envy meat eaters.
ヴィーガンは、お肉を食べる人をうらやんだりはしません。

【W】I go to the W.C.
私はトイレに行きます。

【X】I'll take the next express train.
私は次の急行に乗るつもりです。

【Y】Why do you like white wine?
なぜあなたは白ワインが好きなのでですか？

【Z】I've been crazy busy.
私は非常に忙しくしていました。

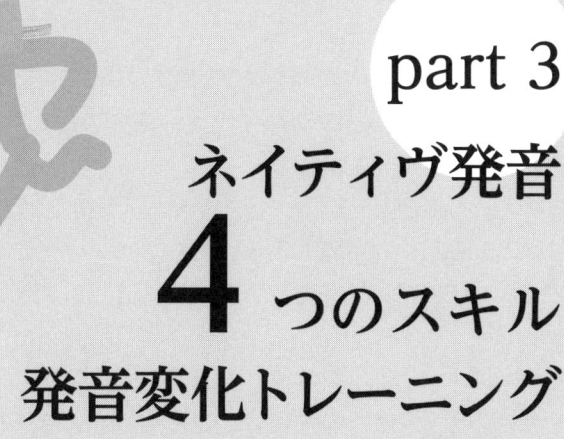

part 3
ネイティヴ発音
4つのスキル
発音変化トレーニング

すべての英語発音をマスターしました。
ここでは、さらにネイティヴらしく
流暢な発音にするための
4つの発音変化をご紹介します。

リンキング　つながる音

●リンキングとは

英語で書くとLinkingです。linkという単語は、「つながる」という意味です。

リンキングは、２つの単語をひと息でつなげて発音することによって生まれる発音現象です。「リエゾン liaison（連結）」とも呼ばれています。

単語の「最後の１音」と、次の単語の「最初の１音」をつなげることで、１つの単語のような発音に変化します。特に、子音のあとに母音が出てくるときは「リンキング」になりやすい傾向があります。

例えば、stand up は、「stand」の最後の子音の発音［d］と、次の単語の「up」の最初の母音発音［ʌ］が連結してリンキングになります。２つの単語をつなげてリンキングで発音すると、「スタンダップ」のような発音になります。

●練習してみましょう

step1　１単語ずつ発音練習しましょう。
step2　２単語をつなげて、リンキングで発音練習してみましょう。
step3　実際の会話で使われるセンテンスを発音してみましょう。

https://youtu.be/Bn2PnIiDTV8

step1 & step2

step3

☐ stand up ▶ ☐ Please stand up.
立つ　立ってください。

☐ take it ▶ ☐ I'll take it.
取る　それを買います。

☐ take a break ▶ ☐ Let's take a break.
休憩する　休憩しましょう。

☐ Can I ▶ ☐ Can I have a cup of tea?
できますか　お茶をいただけますか？

☐ keep in ▶ ☐ Let's keep in touch.
～を保つ　連絡を取り合いましょう。

☐ think of ▶ ☐ What do you think of her?
～について考える　彼女のことをどう思いますか？

☐ good idea ▶ ☐ That's a good idea.
よい考え　それはよい考えですね。

☐ metion it ▶ ☐ Don't mention it.
言及する　気にしないで。

☐ out of ▶ ☐ It's out of order.
～から外れて　故障しています。

☐ in an hour ▶ ☐ I'll be back in an hour.
1 時間以内に　1 時間以内に戻ります。

フラッピング　舌が変化する発音

●フラッピングとは

英語で書くとFlappingです。flapという単語は、「振り動かす」という意味です。「はじき音」とも呼ばれています。舌を上から下に振り落とすことで、生まれる発音です。

「フラッピング」とは、[t] の発音が [l] や [d]、時には [n] に変化する発音現象です。アメリカ英語では頻繁に使われています。なかでも [t] の発音が [l] に変化することが多く、「フラップT」とも呼ばれています。例えば、partyはフラッピングで発音すると、parly「パーリー」のような発音になります。ちなみに、イギリス英語は [t] の破裂音を強調する傾向にあるので、基本的にはフラッピング発音をしません。

フラッピングの発音の仕組みを把握すると、スピーキング力だけでなく、リスニング力が劇的に改善されます。

●フラッピングの舌の仕組み

[l] [t] [n] [d] は舌先を持ち上げて、上前歯の裏に付けて発音します。舌の接触面積は異なりますが、舌の接触位置が似ているため発音が近づきやすくなるのです。water（水）という単語を例に考えてみましょう。

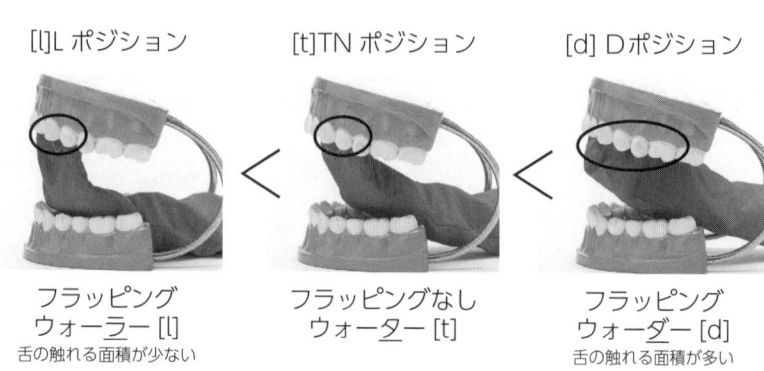

[l]L ポジション　　[t]TN ポジション　　[d] Dポジション

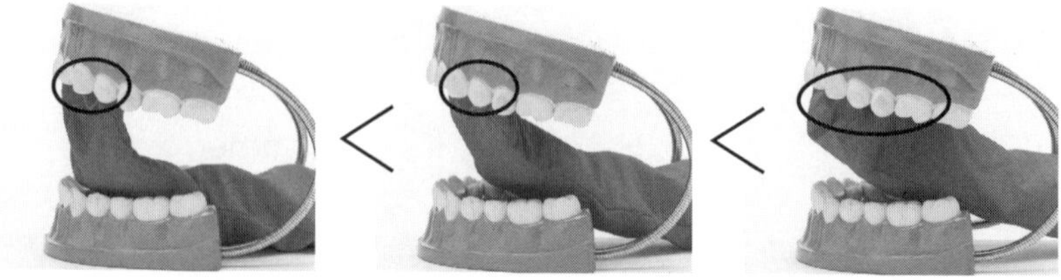

フラッピング
ウォーラー [l]
舌の触れる面積が少ない　　フラッピングなし
ウォーター [t]　　フラッピング
ウォーダー [d]
舌の触れる面積が多い

●練習してみましょう

step1　単語を１単語ずつ発音練習しましょう。

step2　単語の［t］の発音を、フラッピングで［l］に変化させて発音してみましょう。

https://youtu.be/6I_eKOwj4bU

step3　実際の会話で使われるセンテンスを発音してみましょう。

step1 & step2

- □ little 少し
- □ later あとで
- □ letter 手紙
- □ water 水
- □ better より良い
- □ thirty 30
- □ computer コンピューター
- □ pretty かわいい
- □ not at all まったくない
- □ shut up 黙れ

step1 & step2		step3
□ get up 起きる	▶	□ What time do you get up? 何時に起きますか？
□ get out 出る	▶	□ Get out here. 出ていけ！
□ check it out チェックする	▶	□ Please check it out. チェックしてください。
□ a lot of たくさんの	▶	□ I have a lot of money. 私はお金持ちです。
□ about it それについて	▶	□ How about it? いかがですか？

リダクション　消える発音

●リダクションとは

英語で書くと Reduction で、「減少」という意味です。

「リダクション」とは、単語の「最後の1音」の発音が弱くなり、消えたようになる現象です。しかし、基本的に口腔内の動きは変わりません。舌の動きが小さくなり、発音が聞こえづらくなるだけです。

リダクションは、単語の「最後の1音」が [k] [g] [t] [d] [p] [b] のような破裂音のときに起きやすくなります。破裂が弱くなることで、発音が聞こえにくくなるのです。

例えば goo(d) は、「最後の1音」[d] の破裂が弱くなり、「グッ」のような発音に聞こえます。ただし、[d] の舌先は上前歯の裏に軽く付きます。破裂音が強調されないので [d] の発音が聞こえなくなるだけです。

また、2単語続けて発音する場合、はじめの単語の「最後の１音」と次の単語の「最初の１音」が、同じ発音のときは省略して発音することができます。例えば、goo(d) day は、同じ [d] の発音が2回続きますので、1回目の [d] の発音を省略して「グッデイ」のような発音になります。

●練習してみましょう

step1　１単語ずつ発音練習しましょう。

step2　リダクションで単語の最後の発音の破裂を極力小さく発音しましょう。

https://youtu.be/rk2w4ek3zco

step3　実際の会話で使われるセンテンスを発音してみましょう。

step1 & step2

[k]	□ thin(k) 思う	□ pi(ck) 拾う
[g]	□ do(g) 犬	□ bi(g) 大きい
[t]	□ i(t) それ	□ bu(t) しかし
[p]	□ kee(p) 保持する	□ sto(p) 止まる
[b]	□ jo(b) 仕事	□ gra(b) つかむ

step3

□ It's your turn to pick.
あなたが取る順番ですよ。

□ What a big dog.
なんて大きな犬なんでしょう。

□ It's not winter, but it's cold.
冬でもないのに、寒いですね。

□ Stop the car.
車を止めなさい。

□ He needs a new job.
彼には新しい仕事が必要ですね。

アシミレーション　別の子音に変化する発音

●アシミレーションとは

英語で書くと Assimilation で、「同一化」という意味です。

リンキングと似た現象です。異なる点は、リンキングは、「子音＋母音の連結で起こる発音現象であるのに対し、アシミレーションは、「子音＋子音」で、まったく別の子音に発音変化する点です。

特にアシミレーションが起こりやすいのは、はじめの単語の「最後の１音」が [s][t][d][k] で、次の単語の「最初の１音」が [j] の場合です。つなげて発音すると、発音が重なって [ʃ] [tʃ] [dʒ][kjúː] のような発音に近づきます。

２単語をゆっくり発音することで、発音の変化の過程がわかります。まずは１単語ずつ練習してから、２単語をゆっくり丁寧につなげる練習をしてみましょう。

●アシミレーションが起こりやすい組み合わせ

アシミレーションが起こりやすい代表的な４つの組み合わせをご紹介します。[j] はアルファベット【U】[júː] の [j] です（P68）。

s + j → ʃ	→ P110	息だけで「シー」と注意するときの発音
t + j → tʃ	→ P76	アルファベット【H】[éitʃ] の [tʃ]
d + j → dʒ	→ P72	アルファベット【G】[dʒíː] の [dʒ]
	→ P74	アルファベット【J】[dʒéi] の [dʒ]
k + júː → kjúː	→ P70	アルファベット【Q】[kjúː]

●練習してみましょう

step1　1単語ずつ発音練習しましょう。

step2　アシミレーションで2単語をつなげて発音してみましょう。

step3　実際の会話で使われるセンテンスを発音してみましょう。

https://youtu.be/h26_zTvix30

step1 & step2 & step3

s + j → ʃ

□ miss you　□ bless you

□ I miss you.

あなたがいないと寂しいです。

t + j → tʃ

□ let you　□ get you　□ meet you

□ I'll let you know.

あなたにお知らせします。

d + j → dʒ

□ need you　□ send you　□ did you　□ would you

□ Would you like something to eat?

何か召し上がりますか？

k + jú: → kjú:

□ thank you　□ ask you　□ take you　□ make you

□ Can I ask you something?

少しお聞きしてもいいですか？

アルファベットの発音を含む単語一覧

A

ace
ache
aim
appreciate
April
ate
brave
cake
case
cave
claim
complain
crate
create
creative
delay
dates
eight
elevator
eraser
escalator
escape
Friday
game
gate
grapes
grave
gray
great
hate
holiday
Kate
lady
late
mail
make
maze
Monday
nail
name
paper
paste
pay
place
plane
plate
play
population
raise
rate
sale
Saturday
slave
station
stay
Sunday
table
take
Thursday
today
trade
train
Tuesday
wait
wave
Wednesday

B

baby
be
beach
bean
beak
beast
beat
beaver
bee
beet
beatle
bistro
hobby
lobby
ruby

C

legacy
precede
receipt
receive
sea
seal
season
seat
seaweed
secret
see
seed
seek
seem
taxi
tendency

D

candy
daddy
deal
Dean
deep
diesel
indeed
lady
ready
Teddy

E

beast
believe
breeze
carry
cherry
clean
cream
deal
decrease
donkey
dream
eagle
early
east
easy
eat
eel
entry
evil
feel
fluently
free
freedom
frequency
green
increase
jeans
jeep
keep
key
lady
leak
leap
least
leave
lucky
meat
meet
monkey
mummy
need
pea
pee
please
reach
read
ready
scream
seat
sheep
sleep
speak
squeeze
steal
street
Sydney
teach
team
thief
treat
tree
weak
week
wheat
wheel

F

cleft
effort
deaf
hefty
left
effect
Jeff

G

biology
gee
Gene
genius
jeans
jeep
Jesus
psychology

H

html
nature
Rachel

I

apply
arrive
bike
bite
buy
by
bye
child
climb
cry
die
drive
eye
find
fly
height
horizon
I

ice
idea
idol
invite
kite
library
lie
light
like
lion
nice
pie
pile
prize
ride
right
science
side
slide
smile
spice
supply
surprise
tie
tight
try
wide
write

J

jail
Jake
Jamie
Jason

K

cake
came
case
decade
dedicate
escape
indicate
Kate
scale
skate

L

bell
belt
cell
element
elephant
help
melt
self
sell
shell
shelter
tell

M

embrace
emperor
empire
empty
gem
lemon
memo
poem
requiem
them

N

end
enforce
enter
men
pen
send
ten
when

O

blow
boat
code
crow
go
goat
home
low
note
oh
rainbow
rope
slow
snow
widow

P

appeal
crispy
happy
pea
peace
peach
peanut
peel
people
piece
puppy
repeat
speed

Q

cube
cucumber
cute
cutie
excuse
queue
rescue

R

alarm
are
art
car
cart
dark
dart
fart
garbage
garden
gargle
guard
hart
heart
park
part
smart

S

estimate
best
escape
especially
gesture
guest
invest
less
mess
nest
press
quest
request
rest
restaurant
test
vest
west
zest

T

cutie
dirty
eighty
empty
fifty
forty
nasty
ninety
party
pretty
seventy
sixty
steep
tea
teal
team
tease
teeth
thirty
twenty
university

U

beautiful
beauty
continue
new
unit
use
view
you

V

curvy
heavy
movie
navy
TV
vegan

W

W.C.

X

ex
excel
excuse
export
express
flex
index
next
text
texture

Y

quiet
while
why
wide
wife
wine
wipe
wire
wise

Z

fuzzy
busy
crazy
easy
lazy
zeal
zebra
zero

● 著者プロフィール
山下 まさよ（やました・まさよ）
ヴォイトレ・マスター® 英語発音メソッド創始者。International Voice & Vocal School 代表。アメリカへ単身渡米した際、英語発音がまったく伝わらない現実に愕然とし、発音の大切さを痛感。英語発音改善のために、30 冊以上の英語発音本を読破。アメリカの音声学を学び、口の形と舌の位置次第で劇的に発音が改善する事実に辿り着く。アメリカ・ハリウッドにてアジア人初の国際ヴォイストレーナー資格を取得し、英語発音理論を簡単にわかりやすく具現化したヴォイトレ・マスター® 英語発音メソッドを確立する。俳優、歌手などのほか、客室乗務員、英語指導者など、3歳〜87 歳までのべ1万人以上の指導を行う。
https://voicevocal.com

急に英語がうまくなる！
アルファベットから始める発音トレーニング

2021年9月29日　第1刷発行

著　者　山下 まさよ
発行者　鈴木 章一
発行所　株式会社講談社
〒112-8001　東京都文京区音羽2-12-21
販売 03-5395-3606
業務 03-5395-3615
編　集　株式会社講談社エディトリアル
代　表　堺 公江
〒112-0013 東京都文京区音羽1-17-18　護国寺SIAビル
編集部 03-5319-2171
印刷所　共同印刷株式会社
製本所　株式会社国宝社

KODANSHA

ISBN978-4-06-524813-3

英文校閲　Marque Burke
装幀・組版　(株)イオック（目崎 智子）
写真・動画　杉山 和行（講談社写真部）